# Stop au PowerPoint!

## Réapprenez à penser et à présenter

# Stop au PowerPoint!

## Réapprenez à penser et à présenter

Nicolas Beretti

DUNOD

Illustrations intérieures : Nicolas Beretti

Illustration de couverture : Pierre-André Gualino


ISBN 978-2-10-057052-2

# Table des matières

# Préface

**Au fil des années, PowerPoint est devenu l'unique moyen de communication dans les organisations : entreprises, institutions, administrations, écoles, voire églises, prétoires et même en famille… Plus aucun espace de la vie privée ou professionnelle n'échappe à la présence du logiciel. C'est l'outil indispensable pour diffuser un message, faire des propositions, expliquer, échanger, former, enseigner.**

Dans les années 1990, sous les effets des crises économiques et politiques successives, de la globalisation, du règne de la communication et du consumérisme, de la financiarisation de l'économie, les entreprises sont contraintes de faire évoluer leurs modes d'organisation. Transversalité, mobilité, rentabilité, réactivité, simplicité, productivité deviennent les valeurs cardinales des sociétés qui réussissent. Les équipes se mobilisent autour de projets. Le top management est conseillé par des bataillons d'experts qui recommandent lors de multiples comités, réunions, débriefings, des solutions décalquées de leurs missions précédentes… Avec sa langue, ses formalisations, son esthétique, sa rhétorique, PowerPoint devient naturellement le support idéal et universel du management par projet…

À une époque où des consultants pressés peuvent publier une note et faire basculer un pays dans la faillite, il n'est guère étonnant en effet qu'un logiciel qui aligne des listes illustrées sommairement de quelques images puisse également faire perdre des guerres ou licencier des milliers de personnes… Experts des agences de notations, stratèges des grandes entreprises, généraux d'état-major, prennent souvent des décisions sur la base de slides PowerPoint et d'une argumentation faite de raccourcis.

En quelques années, le «sachant» en PowerPoint est devenu une perle rare et courtisée. Les dirigeants s'entourent ainsi d'*executive assistant*, petites mains qui, entre une note, deux comptes rendus ou un discours, peuvent transformer les profondes réflexions stratégiques de leur boss en quelques slides «dynamiques» aux couleurs de la société. Tout jeune cadre frais émoulu des écoles de commerce doit être un as de la slide. À tel point qu'un rapport remis en 2010 à Valérie Pécresse – alors ministre de l'Enseignement supérieur – sur l'emploi des filières Sciences humaines, considérées parfois comme des «usines à chômeurs» – insistait sur la maîtrise de PowerPoint comme un «plus» pour être embauché...

On peut pressentir que cet usage intensif de PowerPoint aura forcément des conséquences discursives voire cognitives sur nos façons de réfléchir et de penser dans un futur proche. Par son omniprésence, le support PowerPoint devient un agent d'influences, valorisant un style de représentations particulier, qui innerve d'une façon ou d'une autre l'essentiel des activités humaines. En un mot, PowerPoint instille un type de discours, une grammaire, une formalisation, des gabarits qui deviennent universels (ce qu'on appelle une doxa). Les modèles diffusés via PowerPoint ne sont jamais discutés, critiqués ou évalués. Ils sont acceptés car jugés légitimes, dominants car planétaires.

Annihilant l'esprit critique et évitant toute discussion, l'usage de PowerPoint est donc dangereux pour l'esprit. Car rapidité, simplification et divertissement sont loin d'être les synonymes d'efficacité, intelligence et échange...

Poursuivant un travail salutaire de déconstruction, cet ouvrage fournit des conseils pour éviter les pièges du logiciel et présente des solutions de rechange, tentant de répondre ainsi à l'une des questions qui me fut souvent posée : si PowerPoint est à ce point toxique, comment le remplacer?

**Franck Frommer**

# Introduction

**Imaginez un instant que Martin Luther King, une seconde avant de se lancer dans son fameux discours, se soit tourné vers un écran géant et ait demandé au public : « C'est bon, tout le monde arrive à lire ? Peut-on baisser un peu la lumière ? Voilà... Merci. Bon, alors je commence. Comme vous pouvez lire sur cette slide, j'ai fait un rêve... »**

Si nous ne sommes certes pas tous des Martin Luther King, la prise de parole en public est néanmoins devenue aujourd'hui un exercice très répandu pour les cadres d'entreprise. Animer une réunion, présenter un nouveau produit ou une stratégie de communication, annoncer des résultats financiers... chaque prise de parole en public est un moment très largement décrit comme délicat et pour certains, c'est un facteur de stress important.

La réussite de cet exercice, si elle dépend de nombreux et très différents facteurs (propos, lieu, charisme, attention du public, perturbations, etc.), repose nécessairement sur un élément fondamental : le discours.

Comme ce qui se conçoit aisément s'énonce clairement, un discours que vous prononcez de manière naturelle est toujours plus percutant qu'un discours lu, haché ou ânonné, car il porte en lui la grâce de la spontanéité. Pour donner l'illusion de cette grâce, car c'est bien souvent d'une illusion dont il s'agit, l'orateur a durement travaillé son discours.

# La prise de parole en public, un art millénaire

Ce travail a longtemps reposé sur un modèle de mémorisation interne et individuelle, impliquant des méthodes mnémotechniques dont la finalité est de permettre aux orateurs de prononcer leur discours sans aucune note de référence, car rien n'est pire que tenter d'être convaincant en ayant à constamment relire ses fiches pendant son discours… Ces méthodes, auxquelles font référence notamment les « arts de mémoire », dont l'origine est attribuée à Simonide de Céos (556-467 avant J.-C.), sont enseignées depuis l'Antiquité, notamment dans les anciens cours de rhétorique et de dialectique. La rhétorique constitue d'ailleurs depuis des siècles la base des enseignements des classes dirigeantes : convaincre, séduire, c'est finalement la première forme de pouvoir politique dont tout le monde a pu faire, au moins une fois, l'expérience !

C'est l'avènement de la démocratie qui va donner à l'art oratoire toute son importance, puisqu'il va s'agir de prendre le pouvoir non plus par la force, mais par la persuasion. Les arts de mémoire interviennent ici pour permettre de mémoriser aisément une liste d'éléments – données ou arguments – en se représentant mentalement un espace familier (par exemple, sa propre maison, ou le palais de ses rêves) auquel on aura associé par divers procédés les éléments en question. À chaque pièce ou partie du décor imaginaire, on associe un élément du discours à mémoriser. L'orateur parcourt ensuite en pensée cet espace qui lui est familier, et dans lequel il a « déposé » mentalement dans chaque pièce un élément du discours, ce qui lui permet de ne rien oublier – car ce serait, sinon, oublier une pièce de sa propre demeure. C'est d'ailleurs de cet assemblage mental entre discours d'idées et représentations spatiales que viennent les expressions courantes « en premier lieu » ou « en second lieu », qui ponctuent bien souvent de nos jours les discours quotidiens.

L'avantage de cette technique de mémorisation est double : elle permet de se rappeler de tous les éléments du discours très rapidement (le record du monde est de 34 secondes pour mémoriser l'ordre des

32 cartes d'un jeu ordinaire !), et de les redonner dans n'importe quel ordre. Ceci est notamment très utile lors d'un débat politique, puisqu'on peut avoir besoin de revenir sur des points antérieurs du discours pour argumenter ensuite.

C'est l'introduction du papier qui, historiquement, va faire évoluer les pratiques d'oralité du discours, car avec lui apparaît la note, auquel l'orateur se réfère, et qui accompagne encore aujourd'hui nombre de discours. Plus tard, une autre forme de technique va faire son apparition et modifier encore la pratique de la prise de parole en public : c'est le rétroprojecteur et ses jeux de transparents, pour permettre de donner à voir ce qui se prête mal à l'énonciation orale. Les agences de communication et d'une manière générale tous les métiers de type « créatif » y ont eu, logiquement, massivement recours. Puis, avec les progrès de la technique, verra le jour l'extension électronique des transparents : le logiciel PowerPoint.

## L'invention de PowerPoint

C'est en 1980 que l'idée de pouvoir donner à un conférencier la possibilité de créer lui-même ses diapositives est apparue à Robert Daskins (« Bob », de son petit nom), alors ingénieur aux laboratoires Bell, à Palo Alto. Son collègue de travail, Whitfield Diffie (mathématicien, père de la cryptographie informatique), développa en une semaine, pour son usage personnel, un petit programme pour pouvoir écrire sur son ordinateur un « story-board » sous forme de liste à point (bullet list) qu'il voulait ensuite imprimer et emmener à la conférence qu'il devait donner.

À l'époque, l'idée de créer soi-même ses diapositives ne paraissait pas aussi évidente qu'elle ne l'est aujourd'hui. Les imprimantes de bureau n'existaient pas, et la technologie utilisée pour les présentations était celle, coûteuse et peu pratique, des rétroprojecteurs avec diapositives d'abord, puis un film plastique transparent par la suite. Les autres employés de Bell commencèrent alors à utiliser le petit logiciel créé par Diffie, mais c'est Bob Daskins qui comprit véritablement l'intérêt révolutionnaire de l'idée. Il fonda en 1984 la société PowerPoint, dont la première version ne fonctionnait que sur Mac, et Microsoft racheta ensuite l'entreprise pour faire de PowerPoint un élément de la suite bureautique la plus vendue au monde : Microsoft Office. Un joli coup, puisque la firme de Redmond dut débourser seulement 14 millions de dollars à l'achat, pour des revenus 20 ans plus tard estimés à 1 milliard de dollars...

L'habitude d'accompagner ses réunions de présentation d'un support visuel projeté sur un écran ou sur un mur a donc déjà une trentaine d'années. Elle sera le terreau fertilisant du succès planétaire du logiciel PowerPoint. De fait, aujourd'hui, toutes les entreprises modernes équipent leurs salles de réunion d'un vidéoprojecteur et d'un écran, ce qui signifie que dès la conception architecturale des bureaux, la présence de PowerPoint est anticipée...

L'adoption du logiciel par le monde universitaire, scolaire, voire privé – nombre de mariages sont agrémentés aujourd'hui de la traditionnelle présentation de photos des mariés sur PowerPoint – a été tout aussi rapide, et, aujourd'hui, tous les étudiants utilisent un jour ou l'autre une présentation PowerPoint pour leurs oraux ou exposés. La « tolérance », l'éducation ou l'addiction au PowerPoint se fait donc dès le plus jeune âge, et cela contribue, naturellement, à renforcer l'hégémonie du logiciel de Microsoft dans le monde professionnel. Le fait que Microsoft Windows équipe 90 % des ordinateurs du monde n'y est, bien sûr, pas étranger.

## PowerPoint rangers

L'armée américaine elle-même s'appuie fortement sur PowerPoint dans le cadre de son fonctionnement opérationnel (briefings avant une mission, réunions de presse...) : les jeunes officiers fraîchement diplômés de West Point sont surnommés ironiquement outre-Atlantique « PowerPoint Rangers », tant ils passent de temps sur ledit logiciel. Dans un article du *New York Times* du 26 avril 2010 intitulé « We have met the enemy and he is PowerPoint », un lieutenant de l'armée en mission en Irak, à qui l'on demandait à quoi il occupait principalement ses journées, répondit le plus sérieusement du monde qu'il faisait des slides PowerPoint...

Le général Stanley A. McChrystal, commandant des Forces Alliées en Afghanistan, expliquait ainsi subir, quant à lui, une quinzaine de présentations PowerPoint par semaine dans le cadre de sa mission opérationnelle. À l'occasion de l'une de ces présentations, une diapositive PowerPoint particulièrement complexe censée illustrer les enjeux de la guerre en Afghanistan lui fit remarquer : « lorsque nous comprendrons cette slide, nous aurons gagné la guerre ». Cette remarque, qui provoqua l'hilarité de son état-major, s'est trouvée plus sérieusement étayée par le général James Mattis, commandant des Marines, qui a ainsi dénoncé lors d'une conférence en avril 2010 « l'obsession » de l'armée pour ce logiciel en des termes nettement plus tranchés. Selon lui, PowerPoint rend les militaires carrément « stupides ». Quelques minutes après lui, le général H. R. McMaster, qui avait banni en 2005 tout PowerPoint de son quartier général de Tal Afar, au nord de l'Irak, a clairement parlé d'une « menace intérieure ». Il accuse ainsi le logiciel de Microsoft de « créer une illusion de compréhension et une illusion de contrôle », alors que « certains problèmes dans le monde ne peuvent être mis en bullet list[1] » sur un slide PowerPoint. Le Président Barack Obama lui-même dut subir des présentations PowerPoint à la Maison Blanche lors de l'élaboration de la nouvelle stratégie en Afghanistan.

## À savoir

**Microsoft estime à 30 millions le nombre de présentations PowerPoint créées chaque jour dans le monde, soit près de 347 par seconde ! 30 millions de salles obscures, tous les jours, pleines de gens qui s'ennuient… on devine la perte de productivité des entreprises concernées. Très récemment, en Suisse, s'est créé un parti « anti-PowerPoint » qui a estimé que l'utilisation de ce logiciel en Europe représentait une perte annuelle de 110 milliards d'euros… S'il ne faut pas, bien entendu, prendre ce nombre au sérieux étant donné sa méthode de calcul, il est néanmoins intéressant de noter que le front anti-PowerPoint atteint également la sphère politique - au rythme suisse semble-t-il, puisque le parti ne compte à ce jour que 245 membres.**

1. *New York Times*, 26 avril 2010.

Aujourd'hui, dans le monde de l'entreprise tout particulièrement, personne ou presque ne peut ignorer l'existence de ce logiciel d'aide à la création de présentations, puisque PowerPoint occupe 95 % du marché des présentations graphiques. Celles-ci se présentent sous forme de succession de diapositives (ou slides) qui peuvent contenir aujourd'hui tout ce que l'industrie du multimédia a pu créer: images, textes, films, animations, tableaux, sons, infographies, hyperliens... À ce titre, c'est un outil «couteau suisse» dont l'usage s'est répandu massivement à travers la planète dans les vingt dernières années.

## La réunion, fléau du mode projet

Il faut dire que le management, depuis une trentaine d'années, a évolué. D'une organisation majoritairement verticale et hiérarchique, nous sommes passés à un management dans lequel le «mode projet» est devenu roi. Schématiquement, le mode projet est un système d'organisation dans lequel les compétences sont censées se croiser pour le plus grand bénéfice dudit projet. Or, pour pouvoir croiser ces compétences, il faut organiser des réunions. Des dizaines, des centaines de réunions par mois. Et pour rationnaliser au mieux ces réunions, il faut les structurer. Dans cette noble mission, un logiciel s'est imposé dans l'imaginaire collectif comme le meilleur outil pour aller droit au but, à l'essentiel, sans perdre de temps en paroles inutiles: PowerPoint. À tel point qu'aujourd'hui il est presque mal vu d'arriver à une réunion sans sa présentation PowerPoint!

Capable de vous faire résumer une longue thèse en deux mots ou trois bullet points, PowerPoint offre la possibilité d'afficher pendant votre discours ses éléments les plus importants, d'illustrer vos idées par des images, photos et vidéos, de montrer à votre auditoire ce dont vous êtes en train de parler, bref, PowerPoint vous donne toutes les clés pour produire votre petit effet sur le public.

C'est d'ailleurs tout le sens du mot «PowerPoint» en lui-même. Il s'agit non pas de «montrer», de «démontrer», ni même de simplement «présenter», ce qui aurait été au moins logique. Non, il est question ici d'un enjeu de pouvoir, par l'usage du mot «power». Bien avant que PowerPoint n'existe sous sa forme moderne, il s'appelait d'ailleurs «Presenter»! Avec PowerPoint vous devez, par contre, en imposer à votre auditoire. En fait, PowerPoint n'est pas un outil de présentation, il est un outil au service de votre propre présentation. C'est un outil de mise en scène de l'information, de mise en forme d'un discours: à ce titre, il est plus proche d'un outil de représentation que d'un logiciel de présentation.

À ce stade, il convient de vous rassurer: non, il ne sera pas fait ici le procès du logiciel, qui reste par ailleurs un outil extrêmement puissant; nous souhaitons plus vous faire prendre conscience de la place qu'a pris cet outil dans votre vie professionnelle, dans votre façon de communiquer, et des problèmes que cela peut poser. Et surtout, nous allons vous proposer des solutions pour contourner ces problèmes, et devenir plus performant dans vos différentes missions.

## Créer une addiction

En tant qu'outil, disons-le, PowerPoint n'a en effet rien de maléfique, il ne cherche pas à contrôler votre pensée ni à manipuler votre parole. En fait, il n'en a même pas besoin: vous le faites tout seul, en utilisant volontairement le logiciel. Le problème initial avec ce logiciel provient précisément de son hégémonie: puisque tout le monde utilise PowerPoint, alors tout le monde utilise PowerPoint…

Dès le collège (offres Microsoft Office pour étudiants), le choix n'est plus permis: ce sera PowerPoint, comme tout le monde. Ce qui relève d'ailleurs d'une habile stratégie d'occupation et d'éducation des plus jeunes aux logiciels Microsoft. La conséquence est simple: vous ne cherchez *a priori* plus à travailler sur un autre logiciel puisque PowerPoint fait partie d'un écosystème autonome, que vous connaissez depuis longtemps, qui vous semble particulièrement performant, mais qui l'est en fait surtout dans sa capacité à exclure toute forme de concurrence. Ce qui se passe à votre insu est en fait très simple : vous acceptez le logiciel comme un fait établi, jusqu'à ce que l'idée même de vouloir en essayer un autre vous quitte définitivement, parce que ce serait trop coûteux (pensez-vous) en termes d'efforts. Exactement le principe sur lequel s'appuient les banques, qui explique les trésors d'imagination qu'elles développent pour capter et garder ensuite la clientèle des « jeunes ».

PowerPoint, comme Microsoft avant lui, crée une forme d'addiction dont il est très difficile de sortir puisque si vous tentez de prendre un autre chemin, cela vous place d'office (sans jeu de mot) en marge des autres, que la nouveauté – et l'inévitable effort d'adaptation nécessaire – rebute. La force des habitudes est le plus puissant frein au changement.

## PowerPoint, une prison cognitive

C'est d'ailleurs toute la façon d'agir de PowerPoint, qui se cantonne simplement à vous construire un cadre favorisant un relâchement de votre esprit critique et une atrophie de vos capacités d'imagination. En outre, il met en place une scénographie de la puissance qui stérilise toute velléité d'échanges, de débat, bref, de créativité. Nous reviendrons en détail sur ce point très important pour comprendre le douteux mécanisme de la machinerie PowerPoint.

C'est en effet en prenant conscience de ces phénomènes que vous apprendrez ensuite à « dompter » PowerPoint pour en tirer le meilleur parti. Et outre, vous apprendrez également à parfois ne plus l'utiliser ! Car non, PowerPoint n'est pas la seule solution pour présenter des idées et des images et pour animer une réunion : d'autres voies existent, extrêmement intéressantes et très puissantes elles aussi.

Mais avant d'aller plus loin, il faut comprendre pourquoi nous en sommes arrivés si bas qu'il faille supporter à longueur de journée d'incessantes présentations PowerPoint. Pour cela, revenons au cœur du problème : l'organisation moderne du travail.

Premièrement, le développement des technologies de l'information et de la communication a considérablement modifié le référentiel de temps et de durée qui avait cours jusqu'alors. L'instantanéité est devenue la norme, l'ubiquité le but. Smartphone connecté en permanence, ordinateur portable branché en 3G et tablette tactile sous le coude, vous devez faire preuve dans votre travail d'une réactivité absolue quelle que soit l'heure de la journée.

Une tâche qui pouvait prendre autrefois deux ou trois jours doit aujourd'hui être effectuée dans l'heure ; pour gagner du temps sur le temps, il existe même des sociétés qui proposent d'utiliser le décalage horaire pour pouvoir *de facto* travailler 24 h/24 h : vous envoyez le soir, à une agence américaine, des éléments – texte, images, tableaux, etc. – pour une présentation PowerPoint prévue le lendemain, et cette agence vous mettra en forme la présentation pendant que vous dormirez – eux seront en pleine journée. Le matin dans votre boîte mail, vous trouvez le document terminé... La question de savoir si vous avez pu exercer votre esprit critique et mobiliser vos ressources intellectuelles sur votre travail devient, vous le voyez, un enjeu de second plan face à la dictature de l'urgence.

Deuxièmement, la globalisation de l'économie a entraîné un accroissement exponentiel du volume d'informations que les entreprises ont à traiter au quotidien. Toujours plus de concurrence, plus de marchés à conquérir, plus de clients, plus de contraintes légales, et une journée qui ne dure toujours que 24 courtes heures...

L'écosystème de l'entreprise moderne est devenu d'une complexité telle qu'il frise la saturation. Les discours des « experts » prétendant vous prévoir le cours des événements sont donc plus que jamais à prendre avec des pincettes : comment peut-on prétendre prévoir ce qu'on ne comprend qu'à peine ? Notons d'ailleurs que l'« expertocratie » dans laquelle nous vivons est grande consommatrice de PowerPoint, et là encore, vous verrez plus loin que ce n'est en rien un hasard.

Le développement de nouveaux métiers d'aide à la décision en est l'illustration : les dirigeants d'aujourd'hui sont tellement sollicités qu'ils ne peuvent plus, bien souvent, s'offrir le luxe de pouvoir prendre le temps de l'analyse et du recul. L'accès à la bonne information en un temps limité est donc devenu pour eux un actif capital – si ce n'est le principal – pour les prises de décision, et par extension pour la performance de l'entreprise. À ce titre, l'effet indirectement structurant d'un PowerPoint sur une réunion de présentation – à la dernière slide, la réunion se termine – a légitimé l'outil comme permettant des gains de temps précieux face au fléau de la «réunionite» qui guette toute entreprise fonctionnant en mode projet. Vaste escroquerie!

Une légende urbaine que vous avez certainement déjà entendue au coin d'un bureau nous apprend d'ailleurs qu'il existe une «règle», un «code» d'utilisation du PowerPoint pour être plus rapide et plus efficace en réunion: il faudrait selon cette règle ne pas dépasser une ou deux idées par slide et ne pas rester plus d'une minute par slide. De cette manière, les 4 ou 5 réunions prévues dans votre journée ordinaire de travail seront les plus courtes possibles, et vous aurez l'impression d'être allé à l'essentiel, et donc d'avoir bien travaillé. C'est sans doute à cause de cette légende urbaine qu'aujourd'hui il est presque mal vu d'arriver en réunion sans sa présentation PowerPoint, alors qu'arriver avec n'est en aucun cas la preuve qu'un vrai travail préparatoire a été effectué!

Le monde moderne a donc adopté massivement PowerPoint en raison de sa capacité à donner cette illusion de clarté, de simplicité et de concision, qui trouve un écho dans le polymorphisme du logiciel: il peut être imprimé, projeté, emporté partout avec soi, remodelé à l'infini, envoyé par e-mail... Très pratique pour des cadres d'entreprise toujours pressés et à l'affût d'économies de temps! Adopter PowerPoint est donc presque naturel tant on a l'impression avec ce logiciel d'optimiser sa façon de travailler dans l'entreprise moderne. Le logiciel a su intégrer en son cœur les logiques de performance et d'optimisation des moyens et des ressources qui gouvernent le capitalisme contemporain, capitalisme dont on a pu apprécier les limites à l'aune de la crise financière puis économique de 2007.

Cet ouvrage se propose ainsi de vous apporter un regard critique sur un outil que vous utilisez certainement beaucoup, et qui vous pose peut-être problème. Nous procéderons pour cela en trois temps:

– prendre conscience des problèmes que pose de manière systématique le logiciel PowerPoint,

– apprendre et appliquer les clés pour pouvoir les surmonter en continuant à utiliser ce logiciel (si vous y tenez absolument !),
– découvrir d'autres outils de présentation et d'animation de réunion qui peuvent réellement vous apporter une plus value importante dans votre travail.

Mais avant de commencer, méditez et gardez en tête pendant toute votre lecture cette phrase de Rafi Haladjian : « lorsque vous n'avez pas le choix de l'outil, qui, de vous ou de l'outil, utilise qui[1] ? »

1. Haladjian R., *Devenez beau, riche et intelligent grâce à PowerPoint, Excel et Word*, Éditions d'Organisation, 2003.

# Le prêt-à-penser PowerPoint

# Sommaire

# Chapitre 1

# L'imposture des présentations

## PowerPoint, la concurrence déloyale

Vous êtes à la veille d'une importante présentation d'un projet devant le comité exécutif, ou bien d'une réunion d'analystes financiers, et vous avez affûté votre présentation PowerPoint pour être, demain, le plus percutant possible.

Afin d'être sûr de ne rien oublier lors de ces quelques minutes cruciales, et dans le souci que tout le monde vous comprenne bien, vous avez pris soin d'inscrire sur vos slides tous les points importants de votre argumentation (vous avez ainsi une belle succession de listes à puces, ce qui ne peut que donner une formidable impression de clarté, n'est-ce pas ? Détrompez-vous !).

Vous avez sauvegardé sur quatre supports différents votre précieuse présentation – on n'est jamais trop prudent – et mis de côté votre plus belle cravate. Bref, armé de vos slides rutilantes, vous vous sentez prêt à soulever des montagnes.

Pourtant, le lendemain, pendant la présentation, quelque chose d'étrange va se produire, que vous avez déjà croisé auparavant, maintes fois, mais sans pour autant vraiment le comprendre. Au fur et à mesure de votre discours, vous allez en effet de plus en plus vous retourner vers l'écran de projection. Vous allez progressivement tourner le dos à l'auditoire, et vous appuyer de plus en plus sur votre PowerPoint – après tout, si vous y avez consacré toutes ces heures, c'est bien pour le montrer.

Et voilà : sans vous en rendre compte, vous vous êtes effacé devant votre présentation. Vous vous en servez comme une antisèche, et non comme un outil de renforcement de votre discours, et l'auditoire décroche. Mais pour votre défense, sachez que la lutte est inégale.

## De la présentation à la représentation

Qu'est-ce qu'une salle de réunion équipée d'un écran et d'un rétroprojecteur, si ce n'est une reconstitution en miniature d'une salle de cinéma ?

## À savoir

**73 % des participants à une réunion y font autre chose : lire ses e-mails sur un smartphone, vérifier son agenda, envoyer des textos, lire un journal…**

Certes, au cinéma, vous ne faites pas face aux autres spectateurs, et il y a des publicités avant le début du film, mais avec votre présentation PowerPoint, l'une des premières choses que vous faites lorsque vous allumez le rétroprojecteur, c'est généralement de fermer les éventuels stores ou de baisser la lumière afin que l'obscurité soit suffisante pour que les slides soient bien visibles.

À la place des confiseries habituelles que l'on trouve au cinéma, vos collègues et supérieurs hiérarchiques auront préféré un café, et ils attendent, passivement installés en arc de cercle devant vous, que vous commenciez. La slide de titre principal est affichée, ça y est, vous allez pouvoir démarrer : le film commence. Un film dont, malgré vous, vous n'êtes bien souvent pas le héros.

En effet, face à un écran, dans une salle un peu obscure, les yeux de votre auditoire sont, comme les enfants lorsque la télévision est allumée, invariablement attirés par la source de lumière, par les images, par les couleurs, bref, par tous les artifices graphiques qui vous rendent, en fait, légitimement fiers de votre présentation. Le problème, c'est que ces mêmes qualités graphiques et esthétiques vampirisent presque totalement votre présence à côté de l'écran.

Sans même s'en rendre compte, vos auditeurs vont progressivement entrer dans une sorte d'hypnose légère, rythmée par vos changements de slides ; ils en liront le contenu, en commenteront la forme, les couleurs, les effets visuels que vous aurez éventuellement mis en œuvre ; ils auront, en un mot, les yeux rivés nettement plus sur l'écran que sur vous, alors que ce qui compte est précisément ce que vous leur dites !

Oui, mais justement… ce que *vous* leur dites, parce que vous avez pris soin de tout indiquer dans vos slides pour être sûr d'être compris, ils l'ont déjà lu au moment où la slide s'est affichée à l'écran !

## On lit beaucoup plus vite qu'on ne parle

N'oubliez pas une chose fondamentale : votre public lit beaucoup plus vite que vous ne parlez. Pendant même que vous déroulez votre présentation, vous sentez invariablement l'attention qui se dissipe ; vous voyez les têtes qui se baissent vers un téléphone, ou vers un journal, pour se relever rapidement à chaque nouvelle slide, sur laquelle vous voyez alors les yeux parcourir l'écran, puis retourner au téléphone ou au journal. Vous avez en fait à peine terminé de parler du premier point de votre slide que tout le monde a déjà lu la slide entière. À quoi bon, dès lors, écouter ce que vous dites ?

### L'art de la prise de parole

**Tout le monde s'extasie devant les performances oratoires du regretté patron d'Apple, Steve Jobs, lorsqu'il anime les grandes messes de présentation d'un nouveau produit. Ses slides – d'une simplicité notoire – paraissent totalement connectées à son discours, de manière évidente. Tout a l'air si facile… Sachez que Steve Jobs travaillait chaque présentation de manière acharnée pendant plus de trois semaines pour aboutir à un tel résultat !**

Ce qu'il faut bien comprendre ici, c'est que votre problème ne provient pas du manque d'attention de votre auditoire, mais de *l'excès de présence* de votre présentation PowerPoint. Pour le dire autrement, vous n'êtes plus *assisté* de votre présentation : vous êtes en *compétition* avec elle pour attirer l'attention de votre auditoire. Au lieu de vous aider à présenter clairement votre argumentation, PowerPoint vous la vole.

## Un conseil

Lors d'une réunion de présentation des résultats annuels d'une société cotée en Bourse, le PDG, debout à côté de l'immense écran de projection, commente les tableaux et les chiffres. Un opérateur technique, assis en contrebas, est chargé de faire défiler les slides au fur et à mesure de la présentation. Croyant que le PDG avait terminé de commenter une slide, l'opérateur passa à la slide suivante. En réalité, le PDG marquait simplement un petit temps d'arrêt pour respirer, et ne s'est pas rendu compte immédiatement du changement de slide. Ce sont le brouhaha de la salle et la panique de l'opérateur qui tentait de revenir en arrière qui l'ont fait stopper son discours jusqu'à ce que tout revienne sous contrôle.

Confier le défilement des slides à une tierce personne n'est pas une bonne idée : prenez une télécommande et faites-le vous-même !

À moins que vous ne soyez acteur professionnel ou orateur hors pair, cette perte d'attention de votre auditoire, que vous ressentez plus ou moins confusément, va inévitablement vous déstabiliser. L'exercice n'est en effet pas sans risque pour vous : vous savez que vous jouez ici une partie de votre crédibilité professionnelle, de votre « légitimité en termes de statut, de métier, de fonction[1] » ; outre vos compétences et votre savoir-faire, ce que vous mettez en scène lors d'une présentation, c'est aussi votre « savoir être ». Dans l'entreprise du XXI^e siècle, c'est précisément ce savoir être qui est une des compétences les plus recherchées. Ce que vous ressentez alors que l'auditoire décroche, c'est donc une sourde impression qu'au-delà de ce que vous présentez, c'est ce que vous êtes qui finalement ne semble pas intéresser votre public ; et vous êtes dans l'erreur. Ce qui vous arrive est excessivement

1. Frommer F., *La Pensée PowerPoint*, éditions La Découverte, 2010.

répandu – souvenez-vous que 30 millions de présentations PowerPoint sont réalisées chaque jour à travers le monde.

## Le cercle vicieux du double discours

Pour remobiliser l'attention de votre public, vous allez alors chercher, généralement, à dissocier ce que vous dites de ce qui est présenté sur la slide. Ce faisant, vous pensez reprendre l'avantage sur la présentation, qui, elle, ne contient pas tout ce qui doit être dit. Le problème est immédiat : si ce que vous dites s'éloigne trop du contenu de vos slides, votre public risque là encore de décrocher, fatigué de devoir lire et écouter simultanément deux discours différents – comme il est extrêmement difficile de comprendre deux personnes qui vous parlent en même temps.

Vous allez, alors, être tenté de reconnecter ce que vous dites avec ce qui est montré. Mais on retrouve alors le problème initial : votre auditoire s'ennuie, puisqu'il a déjà lu ce que vous racontez. En outre, sachez que coordonner un flux de paroles, par essence continu, avec la nature séquentielle, discontinue, des slides PowerPoint, est extrêmement délicat. Oralement en effet, afin de rendre la présentation plus vivante et moins mécanique, vous allez avoir parfois tendance, et c'est heureux, à faire des digressions, à apporter des précisions, voire à raconter des anecdotes (habitude américaine terriblement efficace pour ne pas perdre l'attention du public).

Le problème, c'est que votre présentation, elle, n'intègre absolument pas vos changements, vos digressions ou vos anecdotes : très vite, il va vous falloir faire le choix entre abandonner le tracé imposé par vos slides et laisser libre cours à votre présentation orale, ou revenir à votre présentation. Comme le commun des mortels n'est pas constitué d'orateurs hors pair, c'est la deuxième solution qui est le plus souvent adoptée par le présentateur. Et la prestation oratoire se transforme alors en une inévitable paraphrase de la présentation PowerPoint, génératrice du pire ennui possible en réunion, où vous passez le plus clair de votre temps à lire à votre public qu'il vient juste de lire…

## EN RÉSUMÉ

**Après avoir perdu l'attention de votre auditoire parce qu'ils lisaient plus vite que vous ne parliez…**

**… vous avez tenté de le divertir en lui parlant d'autre chose…**

**… ce qui a eu pour effet de le faire décrocher, fatigué de devoir alterner entre lire et écouter deux choses différentes…**

**… alors vous êtes revenu à une lecture bien sage de votre présentation…**

**… et votre auditoire recommence à envoyer des sms.**

En réaction à ce sentiment diffus d'impasse qui vous saisit au milieu de votre présentation, surtout juste après avoir aperçu un collègue plongé dans la lecture de son journal alors que vous abordez les points clé de votre argumentation, vous allez sans même vous en rendre compte *passer d'une présentation à une représentation*.

## À savoir

**Une étude qui porte bien son nom (*The Annoying PowerPoint Survey*), menée régulièrement par un consultant canadien, indique d'ailleurs que le fait que l'orateur lise ses slides pendant sa présentation représente 70 % des cas d'ennui profond devant un slideshow PowerPoint… Les autres sources d'ennui remarquables sont, selon son étude[1] :**

- **le texte écrit trop petit (48 % des cas d'ennui avéré) ;**
- **des phrases trop longues au lieu des bullet lists (48 % également, les deux étant logiquement liés) ;**
- **des slides difficiles à lire à cause des couleurs (33 %) ;**
- **des graphiques trop complexes (28 %).**

Déstabilisé par le manque d'attention de votre public, vous commencez à surjouer votre présentation. Votre voix se modifie subrepticement, vos inflexions se font plus vives, et le moindre de vos propos devient

1. Ces données proviennent de l'étude menée par Dave Paradi, disponible sur *http://www.thinkoutsidetheslide.com/articles/annoying_powerpoint_survey_2009.htm*

soudainement une véritable révélation, et la moindre hypothèse, une revendication. « Le présentateur est entraîné, souvent à son corps défendant, à montrer, démontrer, même quand il n'y a rien à voir. Sans raison réelle, on s'emballe, on étale, on paillette le propos[1] ».

Le risque, vous en conviendrez, est de tomber bien vite dans une forme de ridicule que vous avez tous sans doute déjà croisé au moins une fois dans ce genre de situation, mais depuis la chaise confortable de l'auditeur…

## Scénographie d'un échec programmé

Un autre problème lié à cette compétition entre votre présentation et vous-même relève de la disposition spatiale, c'est-à-dire de la mise en scène de votre prestation. Vous devez en effet faire attention à bien positionner votre corps vis-à-vis de votre auditoire et de l'écran. Dans la plupart des cas, vous ne restez pas assis, mais êtes amené à vous mettre en scène debout, devant tout le monde – vos collègues, vos clients ou vos managers. Vous savez, bien entendu, que votre gestuelle est primordiale, vous le savez même depuis que vous avez passé vos premiers entretiens d'embauche, puisque tous vos comportements sont une forme de communication, pour paraphraser Gregory Bateson.

Toute la question est alors de savoir où vous positionner :

– **devant l'écran :** vous êtes sûr d'être vu et entendu, mais vous cachez les slides aux yeux du public, et votre présentation n'a alors plus de raison d'être ;

– **à côté de l'écran :** vous les laissez voir vos slides, mais vous risquez de vous faire cannibaliser par votre présentation, comme on l'a vu, puisque vous encouragez votre audience à la lire ;

– **derrière l'écran :** vous vous êtes *a priori* trompé de côté…

1. D'Huy P., *« PowerPoint, la rhétorique universelle »*, in revue *Medium*, n° 11, avril-mai-juin 2007.

Le plus souvent, cette tension, cet enjeu permanent et «en direct» pour exister à côté de sa présentation provoque trop de pression et trop de nervosité pour le présentateur, et l'amène inconsciemment à baisser les bras, à se désengager de sa présentation pour n'en plus faire qu'une simple paraphrase, en retrouvant le confort de la voie toute tracée par les bullet points affichés à l'écran.

## L'ennui profond d'une présentation PowerPoint

Dans un pamphlet[1] désormais célèbre, Rafi Haladjian considère avec humour mais sans détour que «si la religion était l'opium du peuple, PowerPoint est celui du cadre», car selon lui PowerPoint est un outil «d'anesthésie». S'il faut prendre avec un recul certain ses prises de positions qui sont, comme il le précise lui-même, totalement subjectives, le fait est que son observation n'est pas infondée et qu'il n'a pas été le seul à aborder ce problème. Un autre traité humoristique, d'un américain cette fois, *Death by PowerPoint*, présente quant à lui PowerPoint comme le «somnifère des organisations[2]». Opium ou somnifère, il y a bien quelque chose de toxique là-dessous.

### Compression et concision

À trop vouloir faire bref, on perd toute consistance. Il ne faut pas confondre compression de l'information et concision des informations : la compression est un processus qui appauvrit immanquablement les données initiales, là où la concision est la qualité de ce qui s'exprime en peu de mots (mais s'exprime toujours). Mais bien évidemment, la concision demande un effort intellectuel nettement supérieur à la compression, et le temps, encore une fois, manque toujours cruellement.

---

1. Haladjian R., *Devenez beau, riche et intelligent grâce à PowerPoint, Excel et Word*, Éditions d'Organisation, 2003.

2. Flocker M., *Death by PowerPoint: a modern office survival guide*, Da Capo Press, 2006.

Pourquoi et comment votre présentation PowerPoint peut-elle générer un ennui si profond ?

## Un charisme négatif à l'oral

Être bon orateur ne s'improvise pas, et PowerPoint ne pardonne pas la médiocrité sur ce point. Le talent oratoire est un mélange subtil de charisme, d'intonation, de silence, de gestuelles…

Le piège ici, c'est que le logiciel donne justement l'illusion au mauvais orateur qu'il saura subjuguer les foules grâce à sa présentation et à ses graphiques, images, couleurs et courbes diverses… sur lesquelles il aura transpiré quelques heures, sans penser à ce qu'il allait *réellement* dire ce jour-là. Inévitablement, il finira alors par lire ses slides…

## Un excès de présence des slides

Depuis ses débuts, PowerPoint s'est tellement enrichi de fonctionnalités nouvelles qu'il en est devenu autosuffisant. Le présentateur n'est plus qu'une perturbation inutile pour une machine bien huilée qui peut tourner toute seule, puisque le logiciel propose même d'enregistrer sa voix et de la diffuser pendant la présentation, en ayant pris soin de coordonner les changements de slides. À partir de ce moment, quelle utilité de se tenir debout à côté d'un écran de projection pour commenter des animations visuelles ? Aucune, si ce n'est d'ânonner de temps en temps des « comme vous pouvez le voir à l'écran… ». Initialement présentateur, vous devenez progressivement spectateur de votre présentation, et le malaise provient de ce que vous êtes le seul spectateur debout sur scène…

## L'avis de l'expert

**Guy Topiol, agence DavyTopiol**

Une bonne présentation répond à deux objectifs en apparence contradictoires : capter l'attention du public et assister l'orateur dans sa tâche. On peut penser que c'est paradoxal. Or, si vous ne perdez jamais de vue que ce n'est pas votre présentation la star, mais l'orateur, vous la construirez dans cet objectif. Ce faisant, à l'oral, les éléments que vous montrerez, et que vous aurez sélectionnés sur la base du script de votre discours (et non l'inverse !), viendront tout naturellement renforcer l'impact de votre discours.

## Un concours de platitudes

Vous l'avez remarqué, il n'est (théoriquement) pas dans la nature de PowerPoint de porter à l'écran de longues phrases construites. Les espaces dédiés au texte, sur vos slides « chartées » aux couleurs de votre entreprise, sont étroits. « Cliquez pour ajouter un titre » devrait être renommé « Cliquez pour ajouter un titre mais n'essayez pas de développer vos idées ». Vous devez faire court, être concis et percutant pour que votre auditoire se souvienne de vos idées le temps de la sacro-sainte minute dédiée à chaque slide. Vos titres sont donc généralement vagues (puisque vous n'avez pas la place de développer l'idée), à la forme nominale (moins de mots à écrire donc à lire), et totalement insipides (pour pouvoir convenir à tous les publics qui pourraient lire votre présentation ici ou plus tard, et ne pas mettre en péril votre carrière). Finalement, vous n'avez pas le choix : vos slides sont truffées de successions de mots sans âme, policés, tous vus et revus dans d'autres slideshows PowerPoint :

- « une année difficile mais des fondamentaux solides » ;
- « un développement continu face aux aléas conjoncturels » ;
- « un niveau d'activité globalement stable ».

À force de vous confronter dans des salles obscures à des successions de platitudes à la limite du non-sens, l'ennui est inévitable, voire salutaire.

En effet, que recouvrent réellement, dans le contexte de votre entreprise à un moment *t*, les mots « développement », « performances », « aléas » ? Bien souvent, un PowerPoint n'est qu'une succession d'euphémismes en période délicate et d'hyperboles en période faste. Un « ajustement conjoncturel » passe mieux devant un public de journalistes qu'un bien trop concret « plan social », un joli « engagement en faveur du développement durable » sonne mieux qu'« un niveau de pollution globalement stable »…

Mais ce faisant, on ne dit rien, et votre public s'ennuie. À la limite, ce n'est pas grave, il n'y a pas mort d'homme. Là où PowerPoint devient vraiment néfaste, c'est lorsqu'il est utilisé comme vecteur unique de communication, comme pouvait l'être une note de synthèse il y a encore quelques années.

# À retenir

- **C'est votre job de présenter, pas celui de vos slides.** Dans la mesure du possible, gardez en tête que plus vous allez empiler des effets graphiques, du texte, des animations et des informations sur vos slides, plus votre présentation prendra de place, et moins votre prestation oratoire, elle, en aura. N'oubliez jamais que votre présentation est votre accessoire, pas l'inverse.
- **Du danger de la représentation.** Si PowerPoint induit une mise en scène et un contexte proche de celui que l'on retrouve au théâtre ou au cinéma, ne vous laissez pas berner. Ce n'est pas parce qu'il fait noir et que vous projetez du son et lumière sur un grand écran que vous devez laisser votre auditoire adopter une attitude passive de spectateur. Votre prestation n'a pas pour but (*a priori*) de faire du spectacle, mais de transmettre des informations et/ou de faire réagir votre audience.
- **Votre public lit beaucoup plus vite que vous ne parlez.** Votre audience va mécaniquement «se jeter» sur les slides à l'instant même où vous les projetterez. Ils liront immédiatement, comme par réflexe, les dizaines de mots qui seront affichés, d'autant plus si vous les avez mis en valeur (taille de police importante, gras, couleurs, animations…). Les répéter à l'oral ne pourra qu'ennuyer votre public qui les aura déjà lus. Faites plutôt apparaître au fur et à mesure les mots-clés, que vous développez ensuite à l'oral.
- **Ne faites pas de double discours.** Si vous sentez que vous perdez l'attention de votre auditoire parce qu'ils lisent avant ce que vous leur dites ensuite, n'essayez surtout pas de détacher ce que vous dites de ce qui est projeté : le double discours qui en résulterait induirait inévitablement une pénible fatigue cognitive qui produira l'inverse de l'effet souhaité.
- **Occupez l'espace scénique.** Votre slideshow prend toute la place ? Prenez-en encore plus. Lui n'a ni bras, ni regard, ni voix : servez-vous de votre corps pour capter l'attention du public. Modulez votre voix, remuez les mains, usez des silences… Créez les conditions d'un échange, et non d'un cours magistral.
- **Exprimez votre message.** Vous avez quelque chose à dire : dites-le ! Limitez les recours aux infinitifs et aux formules sans âme qui pullulent sur les présentations PowerPoint. Mettez du sens dans vos mots, et exprimez-le avec conviction, autant à l'écrit qu'à l'oral. Si vous n'avez rien à dire, ne présentez rien, cela vaut mieux.

# Chapitre 2

# Le degré zéro de la communication

## Un document écrit qui n'en est pas un

Les problèmes que l'on vient de voir dans le chapitre 1 interviennent exclusivement lorsque vous présentez oralement votre PowerPoint à une assemblée. Mais il est tout à fait courant de recevoir une présentation PowerPoint en pièce jointe d'un e-mail, ou même en version imprimée. Le plus souvent, c'est à la suite d'une réunion accompagnée d'un PowerPoint que vous recevez la présentation en pièce jointe, en tant que trace écrite de ce qui a été dit oralement. Cela ne vous a peut-être jamais posé de problème ; en tous cas, il est clair que cela fait gagner du temps à la personne qui a présenté le slideshow : elle n'a pas à rédiger une note de synthèse et à l'envoyer à tous les participants.

Dans certaines entreprises, le vice est même poussé jusqu'à vous demander un travail préparatoire à rendre directement sur PowerPoint, pour gagner du temps sur le document final ! C'est le cas en agences de communication, où bien souvent la recommandation stratégique qui sera envoyée à l'annonceur est travaillée à même PowerPoint dès le départ, puisque souvent l'annonceur a exigé un délai de réalisation très court.

C'est aussi ce qui s'est passé en janvier 2003 au sein d'une des institutions les plus technologiques du monde : la NASA. Les lignes qui vont suivre ont pour but de vous démontrer ce qu'un mauvais usage de PowerPoint – et partant, de n'importe quel outil de communication – peut entraîner comme conséquences. Essayez, tout en lisant la suite, de vous projeter au milieu de l'effervescence qui devait régner à la NASA en ce début d'année 2003, et demandez-vous si vous, vous auriez été capable d'avoir le recul nécessaire pour réaliser que vos outils de travail étaient totalement contre-productifs. Ensuite, appliquez la même démarche à votre entreprise. Osez douter de l'ordre établi : c'est bien souvent la seule manière de faire progresser les choses.

# L'accident de la navette Columbia

## Les faits

16 janvier 2003. La navette Columbia est sur son pas de tir, en Floride. Le décollage est annoncé, les moteurs des boosters d'appoint crachent un déluge de feu et la navette, majestueux oiseau de l'espace, s'élève lentement.

Quatre-vingt secondes après le décollage, alors que la navette effectue un virage à près de 21 300 km/h à une altitude de 60 km, un morceau de mousse isolante se détache du réservoir externe central et vient heurter les boucliers thermiques situés sous l'aile gauche. L'énergie libérée par le choc étant démultipliée par la vitesse de la navette, le débris de mousse est vaporisé à l'impact. Lorsque les ingénieurs au sol s'en rendent compte en visualisant les films de surveillance, les responsables de la mission lancent un processus de réflexion en interne pour déterminer les risques potentiels de cet incident quant au retour de la navette sur Terre, spécialement lors de son entrée dans l'atmosphère, phase extrêmement délicate où la température sur le bord de l'aile dépasse 1 650 °C, à une vitesse de 27 000 km/h.

Alors que la navette est toujours en orbite, c'est sur la base de présentations PowerPoint que seront menées, au sol, les analyses techniques pour tenter de déterminer le niveau de risque que subira l'équipage lors du retour sur Terre, 12 jours après le décollage. Plus précisément, afin de déterminer l'angle avec lequel le débris a heurté l'aile, son poids et son énergie cinétique au moment de l'impact, les ingénieurs préparent 3 rapports, représentant un total de 28 slides PowerPoint.

Si les niveaux hiérarchiques inférieurs des slides font bien mention des risques réels encourus par l'équipage, les niveaux supérieurs (titres des slides, bullet points) sont plus optimistes, à tel point que l'idée de faire appel aux images haute résolution de l'armée américaine pour déterminer l'ampleur des dégâts est finalement écartée. À son retour dans l'atmosphère, la navette ne peut encaisser l'échauffement dû au frottement avec la haute atmosphère, et se désintègre en une énorme boule de feu, pulvérisant les astronautes à bord.

## Quel est le problème ?

Dans leurs présentations, les ingénieurs ont utilisé six niveaux hiérarchiques simultanés, noyant de fait des éléments essentiels du problème au milieu de titres, sous-titres, sous-sections et autres tirets, points, etc. Un véritable et dramatique sentiment de flou en résulte inévitablement. Lors de vos présentations, ne perdez pas votre auditoire aussi bêtement, surtout si ce que vous avez à présenter est capital et peut mettre en jeu la vie d'êtres humains (normes de sécurité en entreprise, gestion de projets complexes et dangereux...).

Ce genre d'organisation – « désorganisation » serait plus approprié – des idées rend presque impossible l'identification et la correction d'erreurs, puisqu'il n'y a plus de logique d'argumentation ni de linéarité. Le lecteur/auditeur se retrouve face un amas d'informations censées être cohérent mais qui, pour lui, ne peut pas l'être puisque l'arborescence est totalement obscure ! Au lieu d'être alors focalisé sur le contenu et le sens, il tente en permanence de se repérer dans un dédale de puces, sous-titres et titres dont la formulation, on l'a vu plus haut, est toujours plus ou moins floue et insipide. Dans les slides des ingénieurs de la NASA, on a ainsi trouvé des erreurs assez grossières (mais celles-là sans gravité) de mesure des volumes... Erreur déjà commise en 1999, lorsque la NASA perdit une sonde d'exploration martienne à 250 millions de dollars à cause d'une simple confusion entre le système métrique (utilisé par les équipes de la NASA) et le système anglais (miles, yard, livres), avec lequel la sonde avait été étalonnée...

**Sur certaines slides, les ingénieurs de la NASA...**

- ... ont mis en œuvre le pire de ce que peut produire la bureaucratie...
  - ... en utilisant 6 niveaux hiérarchiques simultanés...
    - ... autant de puces, tirets, et sous-titres en gras...
      - ... pour écrire 11 petites phrases.

## Bullet lister la désinformation

Dans le cas de l'accident de Columbia, ce n'est pas ce type d'erreur qui est en cause, mais une autre, tout aussi regrettable : les présentations PowerPoint qui ont été rédigées afin de déterminer le danger du retour dans l'atmosphère, dans leur parcours depuis les ingénieurs techniques « de base » jusqu'à la Direction, ont été épurées et arrangées pour être plus « présentables ». De fait, le très officiel *Columbia Accident Investigation Board* explique le processus qui aboutira à l'erreur : « alors que les informations remontent au sein de la hiérarchie, passant des analystes techniques aux responsables de secteur pour finir dans les mains des décideurs, les points clés et les informations importantes sont filtrés. Dans ce contexte, il est aisé de comprendre comment un haut responsable a pu lire ces slides PowerPoint et ne pas réaliser qu'il y était question d'un danger de mort ».

### À savoir

**La fatigue cognitive ressentie par la lecture d'un PowerPoint et son inefficacité en termes de mémorisation relèvent de plusieurs facteurs. Les principaux sont, d'une part, le fait qu'il revient au lecteur de reconstruire le parcours narratif qui prévalait dans la tête de celui qui a conçu le PowerPoint. Comme vous n'êtes *a priori* pas naturellement schizophrène, cela vous exige un véritable effort de traduction et d'interprétation. Vous pouvez deviner les risques d'erreurs qui en découlent… D'autre part, la présentation d'informations sous forme de listes est la plus inefficace technique de mémorisation. Les techniques des « arts de mémoire » ont ainsi mis au point des astuces pour aider notre cerveau à mémoriser des listes. Si vous avez bien lu ce chapitre, vous êtes en mesure de deviner ces astuces… sinon, vous trouverez la réponse au dernier chapitre de cette première partie !**

Ce même rapport explique en outre que PowerPoint, d'une manière générale et à tous les niveaux au sein de la NASA, a remplacé presque partout l'usage des notes de travail ou de synthèse (qualifiées par comparaison, et c'est intéressant, de «*meaningful documentation*»), et que si le logiciel a sa place en tant qu'outil de présentation de données simples devant une assemblée, il ne devrait jamais remplacer les notes et synthèses **écrites**.

Or, les enquêteurs notent que la plupart des jeunes ingénieurs, malgré leur haut niveau de compétences, ne comprennent absolument pas pourquoi ni comment préparer de véritables documents de travail tels que des rapports de quelques pages ou des analyses de synthèse. Ce dernier point est le corollaire de ce que nous avons vu en introduction : l'usage généralisé de PowerPoint dans les écoles et universités le rend ensuite indispensable dans la vie professionnelle.

En l'espèce, un travail d'enquête de grande qualité mené par Edward Tufte[1] démontre que PowerPoint a facilité la disparition de l'argumentation et a affaibli les raisonnements, notamment du fait de la pauvreté des slides en termes de contenu, et parce que la présentation PowerPoint est d'une manière générale orientée moins vers le public ou le contenu que vers son présentateur.

Si ce dernier point relève exclusivement de la prestation oratoire, Tufte explique également qu'en tant que document écrit, PowerPoint, en imposant notamment le format des bullet lists, empêche d'exprimer les formes de relations entre les différents points alignés, rendant ainsi très délicate l'apparition d'une narration. Or, c'est la narration qui permet la compréhension, et, *in fine*, la mémorisation. C'est pour cela qu'avant l'invention de l'écriture, les légendes et les histoires servaient avant tout à transmettre des savoirs : on mémorise incomparablement mieux des données sous forme d'une histoire que sous forme de listes à puces…

1. Tufte E., *The cognitive style of PowerPoint: Pitching out corrupts within*, Graphics Press LLC, Cheshire, 2006. Toutes les informations concernant l'accident de la navette Columbia reprises ici en sont issues.

## L'avis de l'expert

**Guy Topiol, agence DavyTopiol**

« La liste à puces est tout à fait appropriée lorsqu'il s'agit, précisément, de lister ! Dans les autres cas, la liste à puces est un non-sens, elle n'apporte rien à la présentation, bien au contraire. Dans l'idéal, gardez l'usage de la liste pour présenter une succession d'éléments factuels sans lien entre eux. La liste ne sert qu'à dénombrer. »

La succession de faits en apparence indépendants les uns des autres, du moins pas clairement reliés entre eux, n'en facilite aucunement la compréhension. D'ailleurs, lorsqu'on vous met entre les mains un PowerPoint (envoyé en pièce jointe, ou imprimé), la plupart du temps vous trouverez sa lecture fastidieuse. Cet enchaînement de phrases nominales, d'idées à peine connectées les unes aux autres, ces sortes de « rots de pensée » jetés sur les slides et organisés suivant une logique hiérarchique digne de la bureaucratie soviétique, sont extrêmement fatigants à lire, et souvent on n'en retient rien.

Regardez ainsi cette slide issue d'une véritable présentation PowerPoint de communication financière, et essayez d'en déduire rapidement le sens, les informations principales ainsi que ce qu'il faut en retenir :

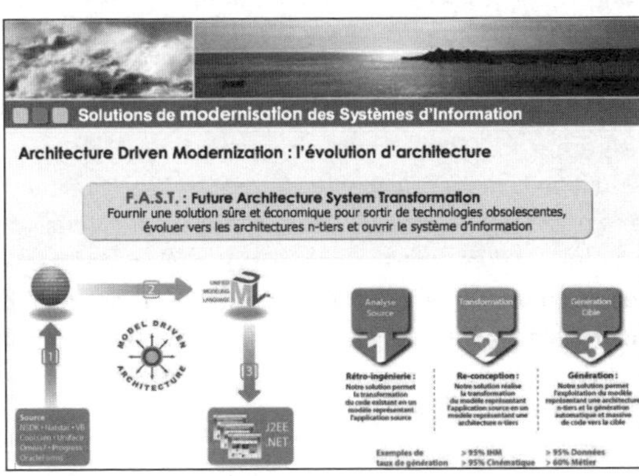


**Figure 2.2** Slide obscure extraite d'une présentation de communication financière

Acronymes, schémas, couleurs, flèches... différents niveaux de lecture pour différents niveaux d'interprétation! Ce sont autant de sources d'incompréhension, de désinformation donc, et d'erreurs...

## Le pouvoir de PowerPoint sur votre façon de penser

Gardez en tête que PowerPoint agit de manière insidieuse pour transformer le sens même de ce que vous écrivez. En tant que médiation que l'on pourrait qualifier de techno-sémiotique, PowerPoint ne fait pas que simplement retranscrire une pensée, il ne se contente pas de transmettre un message. Il «trans-forme» dans le même temps ce message, c'est-à-dire qu'il en «change la forme à travers un dispositif technique et un langage spécifique; partant, il en change le sens[1]».

Parfois sans gravité, mais parfois pour le pire, comme le montre l'exemple de la navette Columbia.

### À savoir

**Ne sous-estimez pas l'influence d'une médiation dans un processus de communication: elle est capitale. Sinon, comment expliquer que l'on communique plus facilement en face à face plutôt que par téléphone ou par e-mail? En allant un peu plus loin, votre stylo et votre feuille blanche sont tout autant une médiation entre ce que vous pensez et ce que vous exprimez (à l'écrit, en dessin, schéma...). Mais jamais aucun outil, quel qu'il soit, ne sera capable de retranscrire directement votre pensée. Sans nécessairement vous en rendre compte, vous «domptez» votre pensée pour la faire rentrer dans les cases imposées par l'outil que vous utilisez. Prenez une feuille blanche pour exprimer une idée, puis recommencez avec PowerPoint: vous ne présenterez pas les choses de la même manière. Posez-vous alors toujours la question: ai-je vraiment besoin d'un PowerPoint pour telle ou telle tâche?**

---

1. Souchier E., *«Lorsque les écrits de réseaux cristallisent la mémoire des outils, des médias et des pratiques»*, in *Les défis de la publication sur le Web: hyperlectures, cybertextes et méta-édition*, coll. Références, Presses de l'ENSSIB, Lyon, 2004, p. 87-100.
À noter qu'ici, Emmanuël Souchier ne fait pas allusion à PowerPoint mais aux médias informatisés. Mais PowerPoint est-il autre chose?

Lorsque vous êtes devant votre écran à rédiger votre présentation, vous anticipez le fait que vous l'exposez à l'oral. C'est bien normal. Vous allez donc non plus considérer vos phrases comme de purs vecteurs de sens, c'est-à-dire des constructions cognitives formant un sens à destination d'un interlocuteur, mais comme un objet hybride, mi-intellectuel, mi-visuel.

C'est d'ailleurs la raison pour laquelle les commentaires que vous pourrez recueillir sur votre présentation sont généralement d'ordre esthétique : « cette phrase-là, elle fait pas bien posée ici », ou « ça fait bizarre, de mettre ça ici, non ? ».

Sur une note rédigée sous Word par exemple, ce type de remarque n'existe tout simplement pas, car votre texte n'a pas à avoir un impact visuel. PowerPoint vous oblige en fait à adopter une posture de publicitaire : votre écriture devient malgré vous démonstrative, puisque vous allez être en situation de montrer votre présentation – et vos arguments.

Vous allez donc bien naturellement chercher à faciliter la lecture de vos slides par l'auditoire, à faire au plus simple, donc au plus percutant pour faire passer vos idées, comme si chacune de vos slides était un slogan publicitaire. Ce que vous recherchez, en fait, c'est l'impact, pour chacun de vos « bullet points[1] ».

Vous allez être incité, à vos neurones défendant, à déployer la communication visuelle la plus attractive possible. Pour cela, et parce que l'attraction se fonde en premier lieu sur l'esthétique, vous cherchez à embellir votre présentation. Soyons honnêtes : nous avons tous perdu des heures à modifier la forme, les couleurs, la mise en page de nos slides…

Le problème, c'est que puisqu'il est préférable d'être plaisant dans la forme, il est nécessaire, avec PowerPoint, de l'être aussi sur le fond. Rien d'anormal à cela, c'est parfaitement logique que de vouloir rester cohérent. Simplement, regardez le résultat avec ce qui s'est produit

1. Vous aurez noté au passage que *bullet* signifie « balle » (de revolver)... chacun de vos points sur vos slides a en fait pour mission « d'impacter », au sens littéral, votre auditoire. Vous devez prendre le pouvoir (« *Power* »Point !).

au sein de la NASA en 2003 : les mauvaises nouvelles concernant les dégâts occasionnés sur la navette et ses chances de ramener les sept astronautes en vie ont été minorées par la tentation du beau, et noyées par le cadre d'écriture imposé par PowerPoint et ses inévitables listes à puces.

## PowerPoint tue la créativité

Visionnaire, le créateur de PowerPoint l'a été aussi quant aux faiblesses de son logiciel, notamment une, sous-estimée mais fondamentale pour la performance d'une entreprise : la stérilisation des échanges entre les participants. Robert Gaskins écrit que PowerPoint, en exigeant une salle obscure pour être projeté, « n'encourage guère la discussion et les débats[1] ». C'est le moins qu'on puisse dire.

PowerPoint est énormément utilisé en réunions internes d'entreprise, pour présenter un problème à résoudre ou des projets à débattre. Or, comme une simple hypothèse devient immanquablement, avec PowerPoint, une revendication ou un slogan, comment favoriser l'échange, comment favoriser les capacités de réaction du public, et, *in fine*, l'élaboration d'une certaine intelligence collective ? Car c'est finalement tout ce que vous recherchez en organisant une réunion !

À ce titre, un témoignage recueilli par Valérie Beaudoin dans le cadre d'un excellent travail de recherche est éloquent :

> « On était un petit groupe de chercheurs, on travaillait sur la modélisation des expressions des avatars. On avait des discussions de haut niveau. Un jour l'un est arrivé avec son jeu de PowerPoint. Il l'a présenté et il n'y avait plus de discussion. C'était comme un coup de poing[2] ».

1. Gaskins R., « PowerPoint at 20 : Back to basics », *Communication of the ACM, décembre 2007, vol 50, N° 12*, in Franck Frommer, *La Pensée PowerPoint : Enquête sur un logiciel qui rend stupide*, éditions La Découverte, Paris, 2010, p. 39.

2. Beaudoin V., « Le lit de Procuste revisité », in *Social Science Information*, Vol 47 – n° 3, p. 378.

Outre que le choix des mots ici est intéressant et révélateur, ce témoignage concorde tout à fait avec nos propres observations et les propos de Robert Gaskins.

À la fin d'une des nombreuses présentations PowerPoint de communication financière auxquelles nous avons pu assister, et qui durent en moyenne 45 minutes, le public est plongé dans une léthargie dont l'orateur a beaucoup de mal à le sortir malgré ses appels répétés à ce que des questions soient posées.

## « Hypnotiser les poulets »

Dans un article du *New York Times*[1], rapportant les paroles de militaires américains faisant régulièrement subir des présentations PowerPoint aux reporters, le journaliste note qu'à la fin des 25 minutes de conférence, « 5 minutes sont réservées pour les questions de ceux qui seraient encore réveillés »... Les militaires, ravis de pouvoir échapper ainsi à d'éventuelles questions embarrassantes de la presse, surnomment affectueusement ces conférences de presse sous PowerPoint : « hypnotiser les poulets »... Vous l'avez d'ailleurs remarqué : au sortir d'une réunion PowerPoint, lorsque les lumières se rallument, vous êtes dans un état d'éveil intellectuel proche de celui qui vous caractérise à la fin d'un film au cinéma.

### À savoir

**Un écran lumineux captive naturellement les yeux, qui sont programmés pour être attirés par le mouvement et les variations lumineuses. En accompagnant votre réunion d'un slideshow PowerPoint, vous sollicitez des réflexes naturels chez les participants, et les détournez de ce que vous dites. Observez des jeunes enfants dans une pièce où se trouve une télévision allumée : ils s'y collent comme des papillons de nuit sur une lampe. Si votre objectif est de faire passer le temps, utilisez simplement PowerPoint !**

1. « We have met the Enemy and He is PowerPoint », *New York Times*, 26 avril 2010.

C'est cette obligation de « faire du spectacle », de surjouer la présentation, d'en « imposer » au public qui conduit précisément à obtenir l'effet inverse du but d'une réunion – à savoir la création d'interactions et d'échanges. À force d'en mettre « plein la vue » à votre audience, vous l'écrasez en quelque sorte, vous la mettez intellectuellement non pas en état d'éveil critique, mais de passivité ludique.

Car finalement, à la fin d'une présentation PowerPoint, tout se passe comme si le public n'était finalement pas là pour discuter ce qui a été dit, mais pour juger ; c'est une transmission à sens unique, d'un émetteur à un récepteur. Avec PowerPoint, on est plus proche du média cinéma ou télévision que du concept même de réunion ou de conférence.

C'est donc un grand paradoxe que voilà, puisque PowerPoint, on l'a vu, s'est imposé comme l'un des rouages du fameux « mode projet », gros consommateur de réunions, et si cher à nos organisations contemporaines ! C'est, en quelque sorte, comme si vous encouragiez les réunions entre vos collaborateurs en leur collant des casques auditifs...

À ce titre, l'introduction d'une interférence massive – un écran géant vers lequel tout le monde est amené à se tourner – ne peut que, en lieu et place de favoriser les interactions, venir les stériliser. Car c'est l'espace même de l'échange, ce vide social dédié, par essence, à être rempli de par la présence simultanée de plusieurs individus, qui disparaît derrière l'écran : finalement, comme avec le média télévision, c'est à la naissance d'une nouvelle forme de « ensemble, tous seuls » ou « ensemble tout seul » que PowerPoint nous permet d'assister.

## Le monde ne rentre pas dans des listes à puces

Avant PowerPoint, à une époque finalement pas si lointaine, les réunions se préparaient en éditant une petite note de synthèse des principaux problèmes à aborder et des questions à traiter. Les décideurs lisaient le document, avaient un peu plus de temps pour y penser, et ensuite organisaient la réunion. Les participants, eux aussi, avaient eu lu la note, l'avaient éventuellement travaillée suivant leurs compétences respectives, et avaient eu le temps d'y réfléchir.

Aujourd'hui, les décisions se prennent sur la base d'une réunion PowerPoint de 20 minutes, 1 slide-1 idée, suivie de 5 minutes de discussion. Ce qui se passe aux conférences de presse de l'armée américaine n'est pas un fait isolé. Les décideurs d'aujourd'hui, on l'a vu en introduction, courent sans cesse après la ressource la plus rare : le temps. C'est le manque de temps qui les empêche d'accéder, souvent, à la bonne information au bon moment. C'est le manque de temps qui les fait exiger de leurs collaborateurs d'être le plus concis possible lorsqu'ils leur présentent un problème à trancher. C'est le manque de temps qui les a conduits à adopter massivement PowerPoint, et son illusion de concision fondée sur des listes à puces. Ils doivent comprendre vite, pour pouvoir agir vite : le temps des marchés financiers modernes se mesure non pas en heures, ni même en secondes, mais en millionièmes de seconde. La globalisation de la connaissance et des réseaux a apporté beaucoup de belles choses, mais elle a rendu illusoire la notion de « prise de recul ». Ce qui se passe à un moment *t*, à un endroit *x*, est immédiatement connu partout ailleurs. La réaction, quelle qu'elle soit, ne peut plus être autre qu'immédiate. Le premier qui sait, le premier qui agit, a gagné.

Cette mise en pression du temps disponible s'est accompagnée, du fait même de la mondialisation, d'une complexité accrue du monde. Les événements sont de plus en plus interconnectés, plus ou moins lisiblement d'ailleurs. De ce fait, ils deviennent de plus en plus imprévisibles. Disons le tout net : le monde dans lequel nous vivons est devenu un beau chaos, au sens physique du terme. Personne n'a vu venir le Printemps arabe ; personne (ou presque) n'a anticipé la crise financière ; personne ne peut plus prédire véritablement le climat... Et dans un monde de plus en plus complexe, on voudrait vous faire croire que la meilleure manière de l'analyser et de le comprendre consiste à le faire rentrer dans une série de 20 slides, si possible écrit gros et avec des illustrations, parce que c'est plus joli à regarder ?

# De la différence fondamentale entre la déduction et la décision

Une décision n'est pas une déduction. Le problème de PowerPoint, c'est de vous faire croire que votre processus de décision est devenu un processus de déduction. Puisque vous avez l'impression d'avoir devant vous, sur ces belles listes à puces, agrémentées de flèches de causalité en couleur, toutes les informations disponibles pour prendre une décision, alors, sans vous en rendre compte, vous avez l'impression de déduire de ces informations la bonne décision. Ce faisant, vous produisez vous-même l'illusion de croire que le niveau de risque et d'incertitude diminue, puisqu'une déduction procède de la logique pure. Pourtant, c'est toujours une décision que vous prenez : le monde est devenu trop complexe pour que vous n'ayez que de simples déductions à faire. Si c'était le cas, n'importe quel ordinateur en serait capable et vous seriez, vous décideurs, au chômage technique.

Or, il faut impérativement garder à l'esprit qu'une décision comporte irréductiblement une part de risque ; c'est une sorte de pari sur le futur : aucune décision ne peut être prise, par définition, en pleine connaissance de cause. Pour remédier à cette difficulté inhérente à l'acte même de décider, la recherche et la compréhension d'un maximum d'informations pertinentes sont donc cruciales. En revanche, la réduction d'un problème complexe à vingt slides PowerPoint ne peut en aucun cas rendre service au décideur, pour plusieurs raisons.

## Une analyse illusoire du problème

La première tient à ce que nous venons de voir : PowerPoint génère l'illusion de croire que tout le problème a été analysé et mis en perspective sur des tableaux, des schémas et des listes à puces rutilantes. Il stérilise de ce fait votre sens critique puisqu'il ne permet pas de douter. En effet, PowerPoint ne doute pas, il affirme. Il n'apporte pas des questionnements, il assomme de certitudes au nominatif et de faits présentés comme incontestables. Vous avez déjà réussi à débattre avec un fait, vous ? On peut douter d'une idée, d'une hypothèse, mais on ne doute pas d'un fait, surtout lorsqu'il est chiffré. C'est la technique d'argumentation de base des hommes politiques pour écraser l'interlocuteur.

## Une stérilisation des échanges

La deuxième raison, c'est tout simplement qu'une décision, surtout en « mode projet », se prend à plusieurs. Le but originel du concept du « mode projet », c'est de croiser les compétences, n'oublions pas. La réunion, de fait, y joue un rôle clé : elle réunit ces compétences dans le but de produire une intelligence collective. À charge ensuite pour elle de prendre la bonne décision. Le problème, on l'a vu, c'est qu'une réunion animée d'un PowerPoint perd trop souvent de vue son objectif parce qu'elle vient précisément tuer dans l'œuf cette intelligence collective. Autrement dit, organiser une réunion accompagnée d'un PowerPoint pour résoudre collectivement un problème (comme celui de la navette Columbia), c'est vous tirer une balle dans le pied. Bien souvent, pour les raisons que l'on déjà évoquées, vous produirez une intelligence collective d'une qualité inférieure, si ce n'est nulle, à celle que vous auriez pu produire si vos participants s'étaient *réellement* penchés sur le problème, ensemble, au lieu de regarder passivement défiler les slides.

## L'absence de signaux faibles

La troisième raison, et sans doute pas la dernière, tient à l'inévitable part d'intuition qui doit, fort heureusement, guider le décideur dans son choix lorsqu'il n'est pas en position de *déduire* (ce qui, on l'a compris, est rarissime, à part éventuellement aux échecs). On le sait, l'intuition est le résultat d'un processus extrêmement complexe qui échappe encore en partie à la connaissance, mais dont on sait le potentiel. L'intuition se nourrit de souvenirs, d'idées, de détails, d'émotions ; elle fait une grande consommation de ce que l'on appelle les « signaux faibles », c'est-à-dire des indicateurs indirects, discrets, qui feront pencher l'opinion d'un décideur dans un sens ou dans l'autre sans qu'il ne puisse véritablement l'expliquer. Or PowerPoint ne laisse aucune place à ces signaux faibles, puisqu'il ne contient, par nature, pas assez d'informations. Là où un document rédigé permet d'aborder des enchaînements complexes de causalités, d'émettre des hypothèses, de poser des questions, d'apporter des illustrations pour permettre la compréhension, PowerPoint ne l'autorise pas, car il n'a pas pour objet la connaissance mais la conviction même infondée.

## À savoir

**Les signaux faibles sont une composante majeure mais sous employée du processus de décision. Informations précoces, à peine audibles, parcellaires, non éprouvées, non quantifiées, les signaux faibles sont néanmoins susceptibles de porter et d'annoncer des ruptures ou des crises à venir, des opportunités ou des menaces qui, anticipées, peuvent vous conduire à un avantage stratégique certain sur vos concurrents. La veille constitue un des moyens d'écoute et de détection des signaux faibles, mais elle n'est pas exclusive, loin de là : vos lectures, vos sorties, les informations, les loisirs, la mode, tout est potentiellement un signal faible… Gardez les yeux et l'esprit en éveil pour pouvoir les capter !**

# À retenir

- **Votre présentation PowerPoint ne peut pas être un document de référence.** Elle a pour but d'être présentée accompagnée d'un discours d'escorte, et non de faire sens par elle-même. PowerPoint facilite la disparition de l'argumentation et appauvrit les raisonnements : en tant que document écrit, votre présentation a une valeur presque nulle en termes de transmission de l'information.
- **Évitez les niveaux hiérarchiques dans les slides.** Un titre et une idée par slide seront toujours plus clairs qu'un titre, trois sous-titres et autant de bullet points dérivés. Les niveaux hiérarchiques rendent presque impossible la lecture de votre slide : ils noient l'information dans une lourde structure impropre à une compréhension rapide et à une bonne mémorisation des informations présentées.
- **La liste à puce n'est qu'une pure une illusion de clarté.** La liste sert à dénombrer, mais elle n'explique rien. L'impression d'avoir rangé le monde dans des tiroirs vous incite à croire que vous n'avez rien oublié. Le format « liste » auquel vous incite PowerPoint ne permet aucunement d'expliquer une situation ou une relation de causalité.
- **PowerPoint encourage les discours publicitaires.** Vous anticipez dès l'écriture de vos slides que vous allez les afficher devant un public, vous y intégrez dès le premier mot une composante esthétique. Vous adoptez sans le savoir une posture de publicitaire, et vous transformez vos phrases en slogans : leur signification s'efface donc devant l'impératif d'un discours démonstratif.
- **PowerPoint stérilise l'échange et la créativité.** Elle affirme, énonce des listes de faits et de données, mais ne porte pas l'intelligence d'un discours. Avec seulement une minute par slide, votre public n'a pas le temps d'intégrer le sens profond de vos informations et de réagir. En outre, la passivité à la limite de la léthargie dans laquelle votre audience est plongée l'empêche quasi mécaniquement de participer : l'échange et les interactions sont extrêmement défavorisés.
- **PowerPoint nuit à la prise de décision.** Une présentation PowerPoint ne contient pas assez d'informations ni de signaux faibles pour permettre au décideur de prendre une décision réfléchie. La décision n'est pas une déduction : attention à l'apparence de logique et de rigueur d'une présentation PowerPoint, c'est une illusion. En aucun cas un slideshow ne doit être l'instrument principal ou le document de référence de la prise de décision !

# Chapitre 3

# PowerPoint l'illusionniste

## Le monde magique de PowerPoint

Commençons par une petite devinette. D'après vous, comment s'appelle un livre dans lequel on trouve :

– Peu de texte…

– … écrit en gros caractères…

– … accompagné d'images…

– … et faisant moins d'une trentaine de pages ?

Réponse : **un livre pour enfant !**

Vous avez fait des études supérieures, travaillé sur des dossiers complexes, transpiré sur des concours de Grandes Écoles ou des examens universitaires ; vous vous étiez tout à fait habitué à faire face à des écrits chargés, aux tournures de phrase complexes et au langage soutenu, vous avez écrit des rapports d'études, des mémoires, des thèses… Et vous vous retrouvez désormais quotidiennement aux prises avec un outil qui vous demande en permanence de raccourcir vos idées, de perdre du temps à les illustrer avec LA photo que vous cherchez des heures sur Google Images ; vous êtes contraint de faire des phrases courtes, d'amputer votre raisonnement de toutes ses subtilités, et tout cela pourquoi ? Afin que votre phrase tienne dans l'espace minuscule qui lui est réservé par PowerPoint et la charte graphique de votre présentation, qu'elle ne dépasse pas du cadre, qu'elle s'insère parfaitement dans la liste de puces que vous avez préparée, ou dans la maigre zone de texte qui reste disponible après avoir mis l'image que vous avez (enfin) trouvée et copiée/collée sur votre document (et puis de toute façon, vous savez qu'il vaut mieux ne pas mettre beaucoup de texte sur une slide). Ce faisant, vous pensez être allé à l'essentiel grâce à PowerPoint.

### À savoir

**Lister et dénombrer, ce n'est pas démontrer ! Lorsque vous rédigez une liste, gardez en tête que la liste porte en elle l'imaginaire de la concision,**

de l'organisation, en un mot, de la rationalisation, mais qu'en aucun cas elle n'apporte à vos idées ainsi organisées une légitimité scientifique. Edward Tufte, dans son travail sur PowerPoint, énonce ainsi que « pour les esprits naïfs, les listes à puces peuvent donner l'impression d'une pensée très fouillée. Mais, dans la réalité de tous les jours, le style cognitif de PowerPoint est un "faux analytique", avec une prédilection pour la valorisation des effets sans causes ». La liste évoque l'ordre, et c'est son rôle ; mais elle est faite pour dénombrer, non pour dérouler un raisonnement. Pour cela, il existe ce que l'on appelle des phrases, des conjonctions de coordination, bref, il existe un langage.
Ce n'est pas celui qu'implique PowerPoint.

## L'illusion simplificatrice

La plus grande illusion de PowerPoint, ne serait-ce pas, finalement, celle-ci ? Personne ne semble réaliser que PowerPoint possède intrinsèquement un niveau d'exigence intellectuelle équivalent à celui d'un livre d'image pour classe moyenne supérieure. La maîtrise de la langue permet la richesse de l'expression, la subtilité dans la formulation des idées, la finesse dans la compréhension. Elle permet de mieux nommer le monde pour mieux l'appréhender. En quoi des phrases courtes, au nominatif, et exprimant tout au plus une idée peuvent-elles donc aider à analyser et comprendre le monde moderne, dont la complexité est sans pareil ?

Il faut alors supposer que nos vies sont désormais dirigées par des adultes se prenant pour des experts alors qu'un de leur outil de travail principal, celui par lequel se prennent en 20 minutes les grandes décisions qui influent sur le cours des choses[1], sort tout droit d'une école maternelle.

Il n'est alors guère étonnant que ces « experts » n'aient vu venir ni le succès du SMS, ni l'accident de la navette Columbia, ni la crise financière, ni les succès de Twitter et autres Facebook…

1. C'est sur la base d'une présentation PowerPoint que la nouvelle stratégie militaire américaine en Afghanistan a été présentée à Barack Obama. Et le nouveau patron de la CIA, le Général Mc Chrystal, en subissait en moyenne quinze par semaine lorsqu'il était Commandant des Forces Alliées en Afghanistan...

PowerPoint, en tant que modèle d'une certaine organisation de la pensée, modèle réductionniste vous l'avez deviné, interfère dans votre processus de formalisation des idées. Cette interférence, on l'a vu, est loin d'être neutre. Si vous doutez encore de l'impact que peut avoir sur l'homme l'usage d'un nouvel outil, pensez au tournant qu'ont représentés pour l'humanité les premiers outils pour faire du feu, il y a 400 000 ans. Le fait de pouvoir manger des aliments cuits a tout simplement transformé notre métabolisme, abaissé le taux de mortalité dû aux germes contenus initialement dans les aliments crus, permis d'éclairer l'intérieur des grottes et favorisé l'essor des peintures rupestres... En bref, il a permis le développement de la civilisation.

Aujourd'hui, des centaines de millions de personnes utilisent quotidiennement PowerPoint comme vecteur de communication. Qui peut prédire ce que cela peut entraîner sur notre façon de représenter le monde, et partant, sur notre façon de penser?

Sans aller jusqu'à faire de la prospective ici, on peut néanmoins supposer qu'en tant que médiation cognitive non neutre dans le processus de formalisation de votre pensée, PowerPoint induit mécaniquement des interférences cognitives. PowerPoint étant le même logiciel partout et en tout point du globe, on qualifiera ces interférences, puisqu'elles sont ainsi systémiques, de biais cognitifs.

## À savoir

**Une très claire définition de la nature d'un biais cognitif est donnée par Le Ny (1991) : « un biais cognitif est une distorsion (déviation systématique par rapport à une norme) que subit une information en entrant dans le système cognitif ou en sortant. Dans le premier cas, le sujet opère une sélection des informations, dans le second, il réalise une sélection des réponses ». Un biais cognitif que tout le monde a déjà expérimenté est le biais de projection, c'est-à-dire la tendance à inconsciemment penser que les autres partagent des valeurs, des pensées, des opinions ou des croyances proches ou équivalentes aux vôtres... Les situations de profonde incompréhension mutuelle en résultent bien souvent.**

# Biais cognitifs pour l'utilisateur

Il est important que vous preniez simplement conscience de leur existence, parce qu'ils sont inévitablement liés à l'usage de PowerPoint. Nous n'aborderons ici que les principaux biais cognitifs, à savoir ceux qui peuvent vous jouer des tours. De cette manière, la prochaine fois que vous ouvrirez PowerPoint ou que vous assisterez à une présentation, vous serez en mesure de les déceler !

En tant qu'utilisateur du logiciel, vous êtes confronté à trois biais cognitifs principaux :
- l'illusion de connaissance ;
- l'illusion de contrôle ;
- l'illusion d'expertise.

Lorsque vous êtes en situation de lire ou d'être spectateur d'une présentation PowerPoint, les biais cognitifs susceptibles d'intervenir sur votre pensée sont :
- le biais de manipulation ;
- l'effet de primauté ;
- l'effet de cadrage ;
- le biais de confirmation.

## L'illusion de connaissance

Commençons par la première et la plus immédiate des illusions : l'illusion de connaissance. Le général américain H. R. MacMaster, qui avait banni en 2005 tout PowerPoint de son quartier général de Tal Afar, au nord de l'Irak, avait utilisé, quant à lui, le terme « d'illusion de compréhension[1] ». Si même les militaires s'y mettent... En tous les cas, l'idée est la même : PowerPoint, par sa brièveté et ses schémas tape-à-l'œil, vous donne l'impression de comprendre et de connaître facilement.

1. « *It's dangerous because it can create the illusion of understanding and the illusion of control [...] Some problems in the world are not bullet-izable* », article paru dans *The New York Times*, 26 avril 2010.

L'illusion de connaissance provient de la propension qu'a PowerPoint à nous faire simplifier les choses à outrance, en vingt slides d'une minute chacune. Simplifier, c'est réduire la complexité dans le but d'y introduire de l'ordre au profit de la clarté (théorique). Plus on résume, plus on introduit d'ordre, moins il y a d'incertitudes affichées. L'incertitude étant par ailleurs une cause d'allergie notoire pour les marchés financiers et les « experts » en tout genre, dont le métier consiste précisément à tenter de réduire cette incertitude.

Ce faisant, et en conséquence, « la condition qui nous fait simplifier les choses est aussi celle qui nous incite à penser que le monde est moins aléatoire qu'il ne l'est réellement[1] ». Pour le dire autrement, notre propension à simplifier en utilisant notamment les listes à puces de PowerPoint, et un vocabulaire d'une pauvreté sémantique affligeante nous fait, en réalité, croire que le monde est réellement plus simple. C'est un véritable tour de passe-passe cognitif que de réduire des problèmes complexes à quelques slides PowerPoint ! Or c'est un non-sens : s'ils sont complexes, vous ne pourrez faire l'économie d'un effort intellectuel appuyé pour les appréhender et les représenter dans vos slides. Ce qui fait qu'ils paraissent simples sur PowerPoint, c'est que celui-ci vous oblige à tout simplement ignorer une partie des données initiales : il n'y a pas la place de tout mettre et de tout expliquer sur quelques slides. Alors vous schématisez, résumez, faites des raccourcis que vous seuls pouvez saisir…

À ce titre, méfiez-vous de l'usage des flèches de causalité, très courantes dans les présentations PowerPoint :

**A** → **B**

Ici par exemple, le lien qui unit A et B est peut-être évident pour vous, mais vos lecteurs et spectateurs pourront tout aussi légitimement s'interroger : est-ce un lien de causalité (B est la *conséquence* de A) ? Ou bien est-ce un enchaînement chronologique (A précède B) ?

---

1. Taleb N. N., *Le Cygne Noir, La puissance de l'imprévisible,* éditions Les Belles Lettres, p. 107, 2008.

## FOCUS

Ces flèches de narration répondent en fait à un biais fondamental de l'esprit humain : notre quasi-incapacité à observer des suites d'événements sans leur attribuer une explication, une raison, ou, ce qui revient au même, sans leur attribuer à tout prix une flèche de relation, un lien logique : « les explications permettent de lier les faits, elles les rendent d'autant plus mémorables, nous apprend Nassim Nicholas Taleb. Elles permettent de leur donner plus de sens. Là où cette propension peut être préjudiciable, c'est lorsqu'elle augmente notre impression de comprendre les choses ». Or il est tellement facile sur PowerPoint d'insérer une flèche entre deux éléments, quand bien même le lien entre les deux n'est pas forcément évident, qu'il faut bien prendre conscience de cette propension de l'esprit humain pour comprendre pourquoi on retrouve autant de ces flèches dans les présentations PowerPoint. Où l'on comprend aussi pourquoi les généraux américains ont employé le terme « d'impression de compréhension »... le même que Taleb.

Dans un seul et même slideshow de communication financière, nous avons ainsi pu relever jusqu'à 25 de ces flèches, dans un autre, 17... La croyance qu'un schéma vaut parfois mieux qu'un long discours ne s'apprécie que dans l'hypothèse où vous vous saisissez de votre stylo pour illustrer en même temps votre idée, et non lorsque vous remplissez votre présentation de flèches qui n'ont la plupart du temps d'autres conséquences que d'entraîner une contraction du sens.

### L'illusion de contrôle

Le deuxième biais pourrait être qualifié d'illusion de contrôle, pour reprendre les termes du même général américain H. R. MacMaster. Elle est la suite logique de la précédente illusion : puisque j'ai l'impression de connaître mon environnement, je peux donc avoir l'illusion de le contrôler. En outre, elle s'appuie sur différents éléments constitutifs de PowerPoint.

### › L'usage des bullet points

On retrouve ici le problème de la juxtaposition qui l'emporte sur la démonstration. La liste, on l'a vu, porte en elle l'imaginaire de la méthode, de l'organisation ; elle exclut par essence toute idée d'omission. La liste organise, elle nous donne l'illusion de contrôler les éléments du monde en les faisant entrer dans un ordre que *nous* avons décidé. Ce qui n'est pas dans la liste n'existe donc pas. Comme en plus elle stérilise toute velléité de remise en cause ou de critique en ce sens qu'elle n'est ni fausse, ni juste, elle n'appelle aucun débat. À l'inverse d'un texte discursif, on ne conteste pas une liste de points ou un schéma, car ils sont de fait présentés comme *factuels,* possédant donc la force d'une apparente évidence. Le problème, c'est que cette apparence vous trompe en premier lieu, vous utilisateur de PowerPoint. En vous proposant de raisonner par un système de listes, le logiciel vous entraîne malgré vous dans une posture pseudo-scientifique dont le risque principal est que vous vous mettez à croire à tout ce que vous écrivez, puisque PowerPoint ne vous accorde pas l'occasion de douter. C'est une des raisons qui explique le succès du logiciel dans le monde professionnel, où l'appétit de certitudes toutes faites est proportionnel à l'horreur de l'incertitude…

### › L'impératif d'écriture démonstrative

Vous exonérant de la nécessité logique d'enchaînement de cause à effet, nécessité propre au texte rédigé, alors même, on l'a vu, que votre public a *besoin* de ces enchaînements logiques pour mémoriser les informations que vous lui délivrez, PowerPoint vous oblige à recréer d'artificiels liens de cause à effet parfois inévitablement douteux. PowerPoint permet ainsi de relier entre eux des éléments disparates, parfois au détriment d'une explication plus poussée sur ce qui les unit. En fait, vous recréez un ordre du monde à l'image de votre vision de celui-ci : vous en avez donc le contrôle, et la possibilité que ce monde puisse vous échapper n'est même plus envisageable.

Dans le monde magiquement simplifié de vos slides, c'est vous qui décidez des causes et des effets, c'est vous qui racontez l'histoire, c'est vous seuls qui décidez de la façon de découper le monde en slides, suivant une logique qui vous est propre (voir ci-dessous). Le caractère fragmentaire de PowerPoint vous permet en fait de faire l'économie d'apporter une vision d'ensemble des choses et de mettre vos idées en perspectives : il n'y a pas la place dans vingt slides pour une telle démarche…

Exemple : prenons deux éléments au départ sans lien entre eux :

| **Notre nouveau produit : une réussite commerciale**<br>•<br>• | **Une équipe commerciale réorganisée**<br>•<br>• |
|---|---|

Réarrangeons l'ordre des slides :

| **Une équipe commerciale réorganisée**<br>•<br>• | **Notre nouveau produit : une réussite commerciale**<br>•<br>• |
|---|---|

Et voilà, vous avez réinventé l'histoire alors que peut-être, l'équipe commerciale a été réorganisée indépendamment de la sortie du nouveau produit…

**Figure 3.1** Exemple de liens de causalité

## › Verbe à l'infinitif et phrases nominatives

Chaque slide étant un élément indépendant des autres (dans le sens où deux slides ne font pas une phrase), elle existe par elle-même et s'impose hors de tout cadre logique. Vous devez lui trouver un titre (pour s'annoncer) et des sous-titres, et ces derniers, par définition, n'ayant pas vocation à être de vraies phrases, vous devez les rendre brefs et percutants. La majorité des slides est donc composée d'un titre sans verbe conjugué ou sans verbe tout simplement : «*Faits marquants de l'exercice*» ; «*Une année 2009 difficile*» ; «*Un contexte de marché particulier*» ; «*Axes stratégiques*»... Ce faisant, ces tournures de phrases permettent d'éviter d'annoncer toute idée ou opinion, restent complètement neutres et deviennent ainsi purement factuelles. Elles vous donnent une impression de concision et d'évidence, elles n'expriment rien. Il serait ainsi possible d'utiliser «*un contexte de marché particulier*» ou «*une année 2009 difficile*» dans des milliers de situations complètement différentes... Si écrire sur des slides vous permet d'atteindre une apparente simplicité, l'intelligence et la pertinence des termes que vous finissez par écrire pour qu'ils tiennent dans l'espace étroit de vos slides sont en revanche minimales.

### › La stérilisation de toute contradiction

Une présentation PowerPoint ne laisse pas de place au doute ; en 20 slides et en 20 minutes, il n'est pas possible d'accorder du temps et de la place à d'autres hypothèses, à d'autres opinions, car ce serait ôter à PowerPoint ce qui fait sa force : son pouvoir de persuasion rapide. *PowerPoint ne peut pas douter, ce n'est pas son objet.* Dans toutes les présentations PowerPoint que nous avons étudiées, aucune ne laissait place à ne serait-ce qu'une seule slide «hypothèses contradictoires» ou «prise de recul». Citons ici Pierre d'Huy : «*PowerPoint n'a pas pour objet la connaissance, mais la conviction*», et à ce titre «*n'importe quel type d'assemblage de simples vraisemblables lui convient, à condition que cet objectif soit atteint*[1] ». Chercher à *convaincre* vous ôte donc de la tête toute volonté de prendre du recul lorsque vous concevez votre slideshow. Vous n'allez y introduire que les éléments d'une thèse, sans prendre en compte l'existence potentielle d'antithèses. De ce fait, vous gardez cette impression de contrôle qui est si rassurante.

1. D'Huy P., «PowerPoint, la rhétorique universelle», in revue *Medium*, n° 11, avril-mai-juin 2007.

## L'illusion d'expertise

Soyons honnêtes : il est incontestable qu'une belle slide PowerPoint agrémentée d'un beau diagramme et de quelques chiffres est nettement plus crédible que la même information simplement jetée en noir et blanc sur un fond blanc. Sinon, personne ne se servirait à ce point de toutes les options proposées par PowerPoint. Tout le monde est victime de cette illusion : comme ce que l'on voit est beau et bien réalisé, on y projette inconsciemment une forme de crédibilité. Pire, une dose de confiance. Pourquoi ? Nous avons tous été éduqués et habitués à distinguer deux types d'informations : les informations « sérieuses », et les autres. Les premières, convenons-en, sont très souvent livrées avec forces justifications – c'est bien ce qui les rend si sérieuses. Ces éléments crédibilisant sont bien souvent des tableaux, des données chiffrées, des représentations graphiques…

Ne nous méprenons pas : tout ceci est extrêmement commode dans bien des cas, notamment dans les domaines scientifiques. Mais PowerPoint permet tellement facilement d'en faire usage qu'il est extrêmement tentant d'en utiliser dans ses propres slides, pour convoquer justement cet imaginaire de sérieux auquel nous sommes tous, plus ou moins consciemment, sensibles.

C'est la raison pour laquelle de nombreux experts autoproclamés ont choisi PowerPoint comme unique support pour leurs livrables.

L'illusion d'expertise procède donc de tout ce que PowerPoint offre comme effets de style, d'annonces, de formes ; il participe de ce qu'ont décelé Tardy, Jeanneret et Hamard dans leur étude sur PowerPoint, lorsqu'ils citent des consultants évoquant le logiciel : « ça fait sérieux », « ça fait professionnel », « ça fait grande société[1] ». Il est question ici de donner à sa présentation tous les codes de l'expertise afin de se faire passer pour tel, et de faire passer ses informations comme fiables et crédibles. Pour cela, PowerPoint offre une vaste panoplie de moyens empruntés

1. Tardy C., Jeanneret Y. et Hamard J., « L'empreinte sociale d'un outil d'écriture ; PowerPoint chez les consultants », in *L'écriture des médias informatisés*, espaces de pratiques, Lavoisier, 2007, p. 155.

aux codes de l'expertise: dans PowerPoint 2007, vous avez le choix entre pas moins de 115 formes disponibles (graphiques sous forme de schémas permettant de représenter en deux clics des hiérarchies, des cycles, des relations de causalité...) et 73 graphiques possibles!

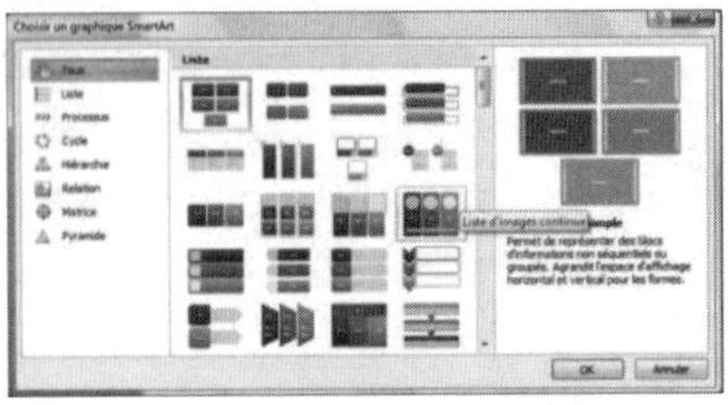

**Figure 3.2** Illusion d'expertise: formes et schémas qui « font professionnels »

Il est donc extrêmement simple avec PowerPoint de transformer une information en courbe, en schéma, en camembert ou en histogramme, qui tous présentent l'avantage, comme la liste de points, d'être plutôt indiscutables et de donner une impression générale de professionnalisme et d'expertise. À ce titre, PowerPoint et ses possibilités d'illustrations empruntées au monde scientifique joue exactement le même rôle qu'un costume-cravate: l'habit ne fait pas le moine, mais il y contribue...

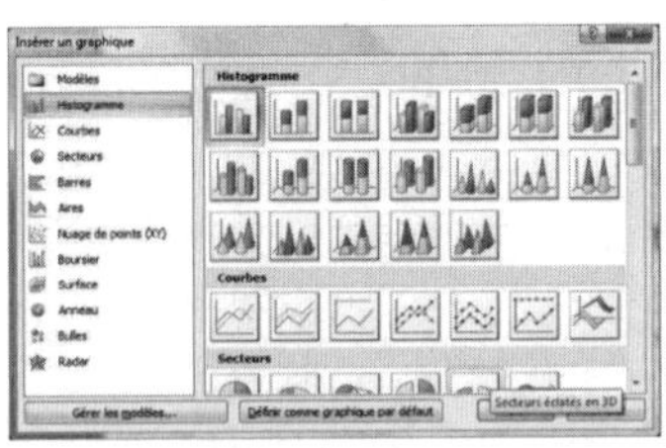

**Figure 3.3** Illusion d'expertise: graphiques qui « font scientifique »

# Biais cognitifs en réception

Cette fois, nous quittons la place de l'utilisateur de PowerPoint, et nous reprenons la place du spectateur ou du lecteur. L'idée ici est de vous donner un aperçu de l'influence que peut avoir PowerPoint sur votre façon d'appréhender une information lorsque c'est précisément via PowerPoint qu'elle vous est délivrée.

## Le biais de manipulation

Ce premier biais cognitif, le plus évident, dérive de deux éléments combinés :

1. **Le principe de juxtaposition :** permet des syllogismes de démonstration souvent faibles voire contestables, et ouvre la porte à toutes sortes de manipulation de l'auditoire.

2. **Les conditions initiales de la projection :** rappelez-vous, il fait sombre, vous êtes dans un certain état de passivité intellectuelle, impropre à une lecture et à une écoute critique. En outre, parce que suivre simultanément ce qui est écrit et ce qui est dit n'est pas évident, votre concentration n'est pas optimale. Enfin, la prestation du présentateur étant souvent insipide, si ce n'est désastreuse, vous avez naturellement tendance à ne pas être franchement captivés – et on vous comprend.

Le problème, c'est qu'alors toutes les conditions sont réunies pour que l'orateur puisse dire à peu près n'importe quoi, par exemple que la rentrée dans l'atmosphère de la navette Columbia s'effectuera sans aucun souci.

Les liens de causalité, les syllogismes de démonstration qui vous sont énoncés sont alors très délicats à contredire : non seulement ils sont présentés dans l'ordre qui arrange l'orateur, mais en plus, suivant la sacro-sainte loi « une minute par slide », votre pensée est totalement sous le contrôle d'un rythme qui vous est imposé. Essayez de réfléchir avec un chronomètre enclenché… Enfin, les slides qui défilent ne vous donnant qu'une vue parcellaire de la réalité, vous n'avez pas la possibilité de reconstruire l'histoire dans son ensemble, ni de la remettre en perspective…

## L'avis de l'expert

**Guy Topiol, agence DavyTopiol**

L'idée selon laquelle il faut idéalement consacrer une minute et une idée par slide est à moitié juste. Se limiter à une idée par slide est une bonne règle de travail. En revanche, rien ne vous oblige à y rester une minute maximum ! Si l'idée est capitale, complexe ou simplement assez longue à développer, consacrez-y le temps nécessaire ! Le temps d'exposition à l'idée de la slide, lui, peut donc varier.

PowerPoint donne au présentateur une possession exclusive de la parole, et comme tout autoritarisme, cette situation est propice à la manipulation, volontaire ou non (le présentateur peut être victime des illusions précédentes).

En fait, si l'on se réfère au modèle de communication de Jakobson[1], nous avons ainsi, avec PowerPoint, si ce n'est une perte, du moins de fortes perturbations sur au moins 4 des 6 facteurs qui permettent une bonne communication :

- **le contexte :** doté de peu de textes, allant au plus court, rempli de raccourcis parfois douteux, PowerPoint empêche ou nuit au partage du contexte entre le destinataire et le destinateur ;
- **le contact :** projeté devant une audience qui ne participe pas au dialogue (puisque ce n'en est pas un), ou envoyé en pièce jointe d'un e-mail, parfois à des inconnus, il n'y a plus de contact entre le destinataire et l'auteur de la présentation, ni préalablement ni *a posteriori* ;
- **le code :** c'est-à-dire des éléments de compréhension du contenu (abréviations, sigles, tournures de phrases particulières, humour) : il est d'autant plus utile que les slides sont souvent obscures du fait de leur brièveté, et que le travail de reconstruction du sens par le lecteur est parfois ardu ;

1. Le modèle de Jakobson contient 6 facteurs inaliénables de la communication, auxquels correspondent 6 fonctions du langage. Les 2 autres facteurs, en l'espèce, sont le *destinateur* et le *destinataire*. Jakobson postule que l'absence de perturbations sur ces facteurs permet une bonne communication.

– **le message :** les formulations de phrase dans PowerPoint, avec verbes à l'infinitif, mots vagues et tournures impersonnelles, affaiblissent notablement la valeur expressive du message.

## L'effet de primauté

L'effet de primauté concerne cette fois la forme de prédilection du PowerPoint, c'est-à-dire la liste. En effet, il a été prouvé par la recherche, notamment par les travaux de Chris Atherton, spécialiste de psychologie cognitive, que face à une liste, on se souvient très bien des premiers éléments, mais très mal des éléments du milieu et de ceux de la fin de la liste. Faites le test : essayez de mémoriser la liste ci-dessous en vingt secondes.

1. Bergerie
2. Stylo
3. Plancton
4. Slide
5. Char d'assaut
6. Fraise
7. Écran
8. Singe
9. PowerPoint
10. Montagne

Maintenant, fermez le livre et tentez de la réciter. *A priori*, sans entraînement, vous donnerez immédiatement les premiers mots sans faute : c'est l'effet de primauté. Notre mémoire immédiate fonctionne comme si, une fois remplie de quelques éléments, le reste débordait. Les premiers restent, les autres passent. En outre, ce biais est aggravé par le fait que selon la loi de l'effort minimum, devant un ensemble d'éléments à lire et à mémoriser, votre cerveau va uniquement sélectionner, lire et retenir les mots qui sont les plus facilement visibles : typographie grasse, majuscules… Si la présentation à laquelle vous assistez fait ainsi ressortir des mots peu pertinents au regard de la thématique traitée, vous risquez tout simplement de ne pas lire les mots importants et de passer à côté du sens général.

Ce qui pose ici problème, c'est que le but d'une présentation PowerPoint est précisément de faire passer des informations à un auditoire afin qu'il les mémorise pour les utiliser. Pourquoi, dès lors, utiliser le format de la liste à point, qui ne semble pas être le plus pertinent puisque son taux de mémorisation est extrêmement faible ? Au contraire, le mode discursif ou narratif est celui qui emporte le meilleur taux de mémorisation. Démonstration ? Lisez attentivement ces quelques lignes :

> « C'est en quittant précipitamment ma bergerie que ce matin, j'ai laissé mon superbe stylo – plancton sur la table. Je venais à peine de terminer ma slide sur le nouveau char d'assaut réalisé en glace à la fraise que l'écran s'est subitement volatilisé, volé par un singe qui visiblement ne supporte pas PowerPoint.
> En rigolant bruyamment, il a filé dans les montagnes… »

Maintenant, récitez les mots de la liste précédente : si vous avez bien lu la petite histoire, vous devriez pouvoir vous souvenir de tous les mots de la liste. En les mettant en scène dans une histoire, vous avez créé entre eux des connexions plus ou moins logiques (d'ailleurs moins la connexion est logique, mieux on mémorise car c'est surprenant). Voilà pourquoi les meilleures présentations PowerPoint sont celles où l'orateur vous raconte une histoire, s'aidant des slides pour, simplement, l'illustrer : la narration facilite grandement la mémorisation.

## L'avis de l'expert

**Guy Topiol, agence DavyTopiol**

« Une présentation, c'est aussi une histoire. Elle doit se dérouler, suivre un cours, se dévoiler à la compréhension du public. La séquence des informations, c'est-à-dire le schéma narratif en d'autres mots, a donc une importance primordiale. Il faut composer avec le public pour le maintenir en haleine tout au long de la présentation. »

## Le biais de confirmation

Le biais de confirmation consiste, de manière non consciente toujours, à préférer prêter attention aux données ou à rechercher des informations qui confirment nos hypothèses existantes plutôt que celles qui pourraient les infirmer : c'est nettement moins fatiguant...

Lorsque vous lisez un PowerPoint, c'est-à-dire lorsqu'on le considère comme un document écrit, PowerPoint vous oblige, vous lecteur, à reconstruire une partie du parcours narratif qui existait dans la tête de celui qui a conçu la présentation. Pour vous en effet, les flèches, schémas et autres raccourcis visuels n'ont pas forcément le même sens que pour l'auteur : vous ne pensez pas comme lui. Puisque votre présentation PowerPoint imprimée ne contient généralement pas assez d'informations en tant que document écrit, et en l'absence des commentaires explicatifs du présentateur, vous allez pouvoir interpréter ses informations suivant votre propre grille d'analyse cognitive : la source de mauvaises interprétations, et donc de désinformation, est donc potentiellement énorme. Edward Tufte, notre spécialiste de la NASA, parle ici « d'affaiblissement du raisonnement et d'erreurs d'interprétations statistiques ».

Ce biais cognitif (qu'on pourrait appeler en termes un peu moins savants de la mauvaise foi), en vous permettant à votre insu de sélectionner en fait l'information qui vous parle le plus, facilite la mise en œuvre du biais de manipulation dès lors que l'auteur de la présentation est un tant soit peu à même de deviner votre cadre cognitif dominant de référence (que vous travailliez dans la finance, que vous soyez ingénieurs ou communicants, vous avez inévitablement une « déformation professionnelle » vous conduisant à adopter dans la vie de tous les jours les réflexes de traitement de l'information qui prédominent dans votre travail).

En outre, étant donné le nombre de présentations PowerPoint servant simultanément de document de travail unique, il est inévitable qu'une part de plus en plus importante des archives soit prise par des slideshows PowerPoint. Pour toutes les raisons qu'on a vues jusqu'à présent, vous pouvez imaginer la tête que feront les historiens futurs lorsqu'ils seront amenés à déchiffrer le contenu de ces centaines de milliers de slides d'une affligeante pauvreté sémantique. Et plus sérieusement, à une échelle de quelques années, il est probable que si vous devez faire, un jour, une analyse rétrospective d'un événement passé en vous basant sur les PowerPoint qui ont servi à accompagner ou produire cet événement, vous aurez énormément de mal à interpréter correctement les informations contenues.

L'accumulation de savoirs et d'expériences par la sauvegarde et la conservation de données sur PowerPoint va perdre de sérieux atouts dans le futur...

## L'effet de cadrage

Le dernier biais cognitif qui nous intéresse est l'effet de cadrage, ou autrement dit, le fait pour la forme (le cadre cognitif) d'influer sur le raisonnement (le fond). En gros, c'est le fait d'aboutir à des conclusions différentes suivant la façon dont sont présentées les données initiales.

Souvenez-vous des slides utilisées par la NASA pour décider si oui ou non la navette pouvait effectuer son retour dans l'atmosphère: leur forme, la façon dont elles ont été présentées (bien entendu, de manière involontaire: personne ne pouvait souhaiter la mort de ces 7 malheureux astronautes), a influé sur la décision (sur le fond).

C'est ce type de biais cognitif qui permet à nombre d'énigmes ludiques d'exister: en présentant un raisonnement en apparence juste, elles conduisent en fait à penser dans un cadre de réflexion erroné, sans même s'en rendre compte.

Une des manières de stimuler la créativité consiste à se forcer à «penser en dehors du cadre» (*think out of the box*): elle s'appuie sur une telle logique.

L'idée derrière l'effet de cadrage est que PowerPoint agit précisément comme un cadre structurant particulièrement puissant: il ordonne la manière dont les idées se présentent, mais également la façon dont vous, spectateur ou lecteur, allez les percevoir. En permettant de présenter un problème ou des informations suivant un cadre particulier, à même d'influencer votre capacité de réception de ces informations, PowerPoint influe sur la façon dont vous allez opérer leur traitement cognitif. Comme nous sommes chaque jour des millions à assister à des présentations PowerPoint, nous sommes chaque jour autant à nous laisser entraîner dans le cadre cognitif du logiciel.

Lorsque vous assistez à une présentation PowerPoint, tâchez de simplement prendre conscience de ce phénomène, et demandez-vous à quelle sauce cognitive vous êtes en train d'être mangé...

Cela pourrait vous éviter le désagréable sentiment de faire partie des «poulets» que les militaires américains adorent hypnotiser.

# À retenir

- **L'illusion de connaissance :** parce que vos slides sont concises, illustrées et sous format liste à puces, vous pensez avoir une vision nette d'un monde qui pourrait rentrer dans vos bullet points. En réalité, ce monde est bien trop complexe pour que ce soit possible.
- **L'illusion de contrôle :** elle procède de l'usage trop récurrent des listes à puces, qui donnent l'illusion que tout est listé et dénombré, donc contrôlé ; du caractère séquentiel de l'enchaînement des slides, qui épousent alors plus votre propre représentation du monde que la réalité elle-même ; de l'usage inévitable de verbes à l'infinitif qui ne disent plus rien ; et de la stérilisation de tout débat et de tout échange.
- **L'illusion d'expertise :** PowerPoint encourage le recours aux effets de style, graphique et autres diagrammes empruntés à l'imaginaire de la méthode scientifique, majoritairement perçue comme seule légitime dans notre civilisation. Pourtant, même un beau graphique peut dire n'importe quoi et être réalisé par n'importe qui.
- **Le biais de manipulation :** le contexte d'une projection PowerPoint, ses faiblesses d'argumentation et ses raccourcis douteux, et les perturbations du circuit de la communication induites par PowerPoint rendent aisée une manipulation, consciente ou non, de l'auditoire.
- **L'effet de primauté :** la liste est un des plus inefficients formats de mémorisation. PowerPoint nuit à la mémorisation des informations par le public.
- **L'effet de cadrage :** la compréhension d'une information dépend de la façon dont elle vous a été présentée. PowerPoint étant un cadre cognitif structurant puissant, il faut garder à l'esprit que les informations délivrées via PowerPoint ont subi une déformation.
- **Le biais de confirmation :** on préférera toujours les informations qui renforcent nos croyances et opinions préexistantes à celles qui les chamboulent. En ne favorisant nullement l'interrogation et le doute, PowerPoint encourage l'interprétation subjective des informations au détriment d'une interprétation analytique plus objective.

Partie 2

# Reprendre le contrôle de PowerPoint

# Sommaire

# Chapitre 4

# Préparer sa réflexion

## Petit préalable

Depuis une vingtaine d'années, le monde est entré dans ce que Régis Debray appelle «l'ère de la vidéosphère», «sphère de la communication qui privilégie l'immédiateté de l'image» comme l'explique si bien *Le Petit Larousse Illustré* (2011). L'image est reine, elle est partout, tout le temps. Il est donc plus que probable que les générations nées sous PowerPoint et éduquées avec lui ne puissent plus s'en passer ultérieurement. C'est peut-être d'ailleurs ce qui explique qu'aujourd'hui, c'est arriver en réunion sans une présentation PowerPoint qui doit être justifié, et non l'inverse.

En outre, comme le logiciel entretient son propre succès, il y a fort à parier qu'il faudra compter avec lui encore longtemps. Même les mariages sont envahis de slides... Dans ce cas, autant prendre le problème à bras-le-corps, et trouver le moyen d'en tirer le meilleur parti.

PowerPoint, s'il a beaucoup de défauts, n'en reste pas moins un outil qui, bien utilisé, peut être réellement efficace. Vous avez déjà vu de belles présentations bien menées au moins une fois: la chose est donc possible. L'idée, dans cette deuxième partie, est de vous donner un ensemble de clés et de principes pour vous permettre, vous aussi, d'être efficace avec vos slides. Ce qui signifie efficace à l'oral bien sûr, mais efficace à l'écrit aussi, puisque vous savez pertinemment que vos slides seront tout autant lues que projetées en public.

Enfin, avant d'entrer dans le vif du sujet, précisons qu'il existe une abondante littérature traitant de la question des présentations PowerPoint. Certaines ont pour but de vous apprendre à en mettre plein la vue à votre audience; d'autres, un peu plus fines, se focalisent sur l'objectif de vous aider à ce que vos messages soient compris et retenus par votre public. Une bonne présentation PowerPoint impliquant la mise en œuvre de techniques variées (conception graphique, mise en page, gestion de la voix, de la présence scénique, du langage corporel, de la rhétorique...), lesdits ouvrages couvrent un spectre très large de domaines et ont vocation à être de véritables «coachs» en la matière.

Ici, ce n'est pas notre objectif : les principes que nous vous délivrons tout au long de cette deuxième partie ne sont pas exhaustifs. Ils sont issus, pour certains, d'auteurs que nous avons déjà croisés – Dave Paradi notamment. Leur intérêt principal : ils répondent aux faiblesses que nous avons soulevées en première partie, et ils sont immédiatement applicables – on ne devient pas un as de la prise de parole en public en 5 minutes.

Cela dit, vous ne perdrez *a priori* jamais votre temps à creuser la question de la présentation ou de la conception techniques de slides avec tous ces ouvrages : si vraiment PowerPoint constitue le pilier de votre activité professionnelle, alors tâchez de le maîtriser autant que possible, vous gagnerez un temps précieux et une qualité générale incontestablement meilleure. Et, si vous le voulez bien, essayez de garder en tête, malgré toute votre maîtrise technique du logiciel, les astuces qui suivent : elles sont simples et, nous l'espérons, pleines de bon sens. En ce monde complexe et chaotique, un brin de bon sens ne peut pas faire de mal !

## Ai-je vraiment besoin d'un PowerPoint ?

C'est **vraiment** la première question que vous devez vous poser, avant de vouloir ne serait-ce que formuler l'idée d'ouvrir le logiciel. S'il le faut, affichez-la sur tous vos *templates* PowerPoint, sur votre écran, à l'ouverture de votre PC...

Cela ne vous prendra que quelques secondes, mais elles vous seront précieuses pour limiter la projection d'un slideshow, dans le cas où cette présentation est véritablement nécessaire, c'est-à-dire quand cela apportera un vrai « plus » à votre travail. Comme on l'a rappelé au début de ce livre, le plus grand frein au changement, c'est la force des habitudes, quand bien même elles seraient mauvaises. Si en plus, votre entourage professionnel est victime d'une addiction au logiciel et l'utilise à tout-va, il est parfaitement normal que vous n'ayez pas tendance à douter de la pertinence de sa présence à la moindre réunion, ou de son utilisation comme principal support d'écriture.

## Un conseil

N'oubliez pas que si vous débarquez en réunion avec un PowerPoint à projeter, vous risquez avant tout de stériliser toute émergence d'un véritable débat ou d'une discussion qui pourrait vous aider à résoudre le problème qui vous a éventuellement amené à convoquer cette réunion… Ne cédez pas à la tentation de faire quelques slides « parce que ça fait mieux que d'arriver les mains vides ».

Préparez plutôt, sur un papier, les points essentiels que vous souhaitez voir traités à l'issue de la réunion. Puis, installez les participants face à face autour d'une table. Prévoyez non pas les traditionnelles 20 minutes de réunion, mais laissez au contraire le temps à l'intelligence collective que vous venez de créer d'émerger. Il n'en sortira que du bon.

Votre usage de PowerPoint devrait se limiter aux cas où il peut véritablement répondre à un besoin, par exemple celui d'illustrer vos propos, suivant le vieil adage « un dessin vaut mieux qu'un long discours ». Si la réunion de présentation porte sur le design d'un produit par exemple, ou sur l'architecture d'un bâtiment ou sur tout autre sujet à dominante visuelle, alors il est clair que PowerPoint trouve naturellement sa place et apporte une valeur ajoutée à vos propos.

Dans les autres cas, avant de décider ou non d'utiliser des slides de présentation, encore une fois, posez-vous clairement la question : « qu'est-ce que je veux démontrer et en quoi une présentation PowerPoint est-elle pertinente en l'espèce ? ». Si la réponse n'est pas évidente, c'est peut-être que la réunion programmée a comme but, finalement, plus de résoudre un problème ou de discuter d'un point précis que de présenter quelque chose. Il peut alors apparaître préférable de favoriser l'échange et la discussion – l'élaboration de cette précieuse **intelligence collective** – plutôt que d'éteindre la lumière et de plonger tous les participants en mode passif.

## Les vertus de la note de synthèse

Rappelez-vous qu'à l'issue de l'enquête sur l'accident de la navette Columbia, il a été mis en lumière l'incapacité chronique des jeunes ingénieurs de rédiger des notes de synthèse, plus riches en contenu que n'importe quel PowerPoint, même avec 6 niveaux hiérarchiques.

### Un conseil

Outre la plus grande intelligence du support « note de synthèse », son usage apparaît également plus pertinent que le PowerPoint dans une optique d'archivage. Comme on l'a vu, la compréhension de votre présentation PowerPoint par votre destinataire nécessite un partage du contexte entre vous deux, du fait même de l'extrême concision du contenu PowerPoint.

Si ce contexte évolue ou que le récepteur n'est plus le même, alors les risques d'incompréhension et de malentendus sont augmentés, car le contexte n'est plus partagé. Ce qui pouvait faire sens est alors susceptible de ne plus le faire. Conserver des présentations PowerPoint dans l'idée qu'elles aient une valeur d'archivage est donc une source potentielle de difficultés futures pour leur correcte exploitation, par exemple si un nouveau collaborateur récupérant les dossiers de son prédécesseur doit se mettre à jour grâce aux PowerPoint qu'il aura laissés…

Pour vous, l'avantage de la note de synthèse est double. D'une part, elle vous donne l'occasion de faire l'effort de compréhension globale qui, seule, vous accordera une réelle appréhension des tenants et aboutissants du sujet. Parce que vous aurez l'obligation de raisonner de manière holistique, vous embrasserez l'ensemble des informations en jeu pour pouvoir ensuite les résumer toutes. Ce faisant, vous prendrez de la hauteur et permettrez à votre esprit d'élargir ses points de vue, d'élargir en quelque sorte son horizon cognitif. D'autre part, parce qu'une note est plus riche en informations et présente les problèmes de manière argumentée et cohérente, elle permet à votre lecteur d'être en possession de plus d'éléments, présentés de manière cohérente et linéaire (et non séquentielle et factuelle), et donc de comprendre beaucoup plus facilement la situation.

*In fine*, votre lecteur sera à même de mobiliser sur votre note de synthèse nettement plus d'intelligence que si vous lui aviez envoyé un PowerPoint en pièce jointe. Le bilan général d'intelligence créée est déjà supérieur à ce qu'il aurait été sous PowerPoint.

La note de synthèse, plus que le PowerPoint, autorise en outre l'existence de signaux faibles dans le texte, indispensables, on l'a vu en première partie, pour la prise de décision. Certes, l'exercice nécessite plus de temps à écrire et à lire, mais l'explosion de la navette Columbia pourrait servir d'exemple de ce qu'il ne faut pas faire, pour légitimer le retour en grâce de ces documents écrits rédigés. Il semblerait que certaines grandes sociétés américaines et françaises auraient même décidé de limiter l'usage du PowerPoint pour le remplacer par des notes de synthèse : il y a quelques années, le patron de Sun Microsystem avait interdit l'usage du logiciel au motif que « les présentations saturaient les disques durs, la bande passante et les cerveaux[1] ». En France, on a pu lire ici ou là que Danone, par exemple, avait fait de même.

## Une présentation se présente !

Là encore, une évidence qu'il convient de rappeler : PowerPoint est un **logiciel de présentation**. Cela implique qu'il fonctionne théoriquement sur la base d'un binôme slideshow/présentateur : il n'a pas vocation à être un document autonome ni un document de référence !

1. Frommer F., *La Pensée PowerPoint, enquête sur un logiciel qui rend stupide*, éditions la Découverte, p. 253, 2010.

Considérant le nombre de présentations envoyées en pièces jointes d'e-mails, imprimées ou présentées sur des sites Internet comme supports informatifs, c'est donc bien qu'il y a, globalement, une légère confusion. Un PowerPoint sans son présentateur, c'est un film sans le son. Il y a bien les images, on peut d'ailleurs deviner de quoi ça parle, comprendre des éléments, mais en aucune manière l'expérience équivaut à regarder le film avec dialogues, son et musique !

Si vous n'avez pas le temps de rédiger une note explicative à la place de votre présentation PowerPoint, alors suivez les conseils du chapitre 5 afin de rendre votre slideshow moins obscur pour vos lecteurs.

Ceci est valable dans la mesure, évidemment, où vous n'avez pas pour objectif de noyer le poisson ou d'hypnotiser les poulets – pauvres bêtes ! – en envoyant des PowerPoint incompréhensibles.

## Checklist d'une bonne présentation

Nous y sommes. Vous avez bien répondu à la question fondamentale, existentielle ? Vous êtes sûr, certain que vous ne pouvez couper à une présentation PowerPoint ?

Très bien, dans ce cas, suivez pas à pas la checklist de sécurité cérébrale ci-dessous. Elle ne vous prendra que quelques minutes, mais vous permettra d'éviter de vous faire piéger par la cage cognitive de PowerPoint, d'assurer que vos informations parviendront jusqu'à la mémoire de votre public, et votre prestation orale sera meilleure parce que vous aurez une vision claire de ce que vous avez à dire.

### Quel est le but de ma présentation ?

La question peut paraître triviale, mais elle est primordiale, et nombre de réunions pourraient être évitées si seulement chacun se la posait plus souvent. Sans tomber dans un questionnement métaphysique, posez-vous néanmoins franchement ces questions : qu'est-ce que vous allez faire là-bas, debout devant d'autres gens ? Pourquoi et pour quoi vont-ils venir vous écouter ?

Pour vous aider à répondre à cette question existentielle, avant de démarrer votre présentation, complétez la phrase suivante : « à la fin de ma présentation, je veux avant tout que le public sache/ait compris/fasse… »

En vous obligeant à répondre brièvement à cette phrase, vous allez forcément donner un objectif principal à votre présentation. Ce faisant, vous tenez votre axe de démonstration.

## Quelle est mon audience ?

Dans la vie de tous les jours, vous adaptez votre discours (niveau de langage, vocabulaire plus ou moins technique, intonations, etc.) en fonction de votre interlocuteur. Il va vous falloir faire de même avec votre présentation. Commencez donc par oublier l'existence de la fonction « copier-coller » si vous aviez l'intention de récupérer une ancienne présentation sur une thématique proche : votre public est certainement différent, le contexte a changé, vous n'êtes pas forcément le présentateur du précédent slideshow, et vous allez certainement vouloir présenter les idées différemment.

Donc à ce stade, notez simplement sur votre papier préparatoire : quel est mon public ? Interne à l'entreprise, externe ? Quel est le type de relation établie (partenaire, client, prospect, relais d'opinion…) ? Quel est son niveau de connaissance, de familiarité avec mon sujet ? Possède-t-il toutes les informations préalables nécessaires à sa compréhension ? A-t-il connaissance du contexte ? Va-t-il aisément me faire confiance et adhérer à ce que je vais dire, ou bien vais-je d'abord devoir prouver ma compétence sur le sujet ?

Une fois ces éléments en main, vous allez pouvoir compléter facilement le point suivant.

### Quels sont les points que je ne veux pas qu'ils oublient en priorité ?

Ici, faites un parallèle avec les films américains à gros succès. Leurs histoires s'appuient toutes invariablement sur 3 ou 4 éléments fondateurs, pas plus. Au-delà, la complexité des connexions logiques à établir entre les scènes, les explications liées aux personnages et leurs liens à l'intrigue rendent le film trop difficile à suivre pour en faire un simple divertissement. Il en va de même pour votre présentation. En une trentaine de minutes, un cerveau humain ne peut pas comprendre et enregistrer plus de 3 à 5 informations importantes. Si vous en avez plus à dire, envisagez de mener plusieurs présentations. En tous les cas, complétez sur votre feuille :

- Point clé 1 que mon public doit retenir : «........»
- Point clé 2 que mon public doit retenir : «........»
- Point clé 3 que mon public doit retenir : «........»
- Point clé 4 que mon public doit retenir : «........»

En gardant à portée d'œil ces points clés, vous saurez immédiatement pendant votre préparation si ce que vous dites est important pour votre audience (et non pour vous !) et si ce n'est pas tout simplement hors sujet pour eux (quand bien même cela vous semble intéressant).

### Avec quoi vais-je prouver ces points clés ?

Vous le savez : dans une conversation, lorsque vous illustrez votre idée d'un exemple pertinent, elle passe immédiatement de la sphère abstraite à la réalité tangible de votre interlocuteur, et elle gagne énormément en persuasion.

Il en va de même pour votre présentation. Puisque vous avez maintenant défini les 4 ou 5 éléments clés de votre slideshow, ceux que vous voulez voir compris et mémorisés par votre public, il va falloir leur donner la plus grande force de persuasion possible. Pour chacun, prenez le temps de chercher comment l'illustrer du mieux possible pour que l'idée résonne dans la tête de votre audience. Trouvez l'illustration qui sera parlante, c'est-à-dire celle qui va faire appel à l'habitus de votre cible. Si l'on reprend l'exemple de la dette française : l'endettement par nouveau-né est une figure parlante si vous vous adressez à M. Tout-le-monde. Si vous parlez devant un cercle d'économistes, vous risquez de vous faire lyncher.

### + L'avis de l'expert

**Guy Topiol, agence DavyTopiol**

L'illustration est très importante dans une présentation, car elle donne corps au message qui, sans cela, peut parfois perdre de son impact. Mais elle doit être pertinente : une bonne illustration est celle qui traduit au plus juste le sens du message. Elle ne doit pas simplement avoir un lien avec lui. Idéalement, vous pourriez ôter les mots de votre slide que votre public comprendrait toujours l'idée exprimée. Une bonne illustration n'est pas forcément un visuel détonant, qui doit en mettre plein la vue. À défaut d'une illustration vraiment pertinente, passez-vous d'elle et focalisez-vous sur le texte. N'oubliez jamais que les mots, les lettres même sont des éléments visuels à part entière.

Habillez votre idée clé d'un exemple sur-mesure : elle est importante, donc elle le mérite.

## Où placer ma conclusion ?

Vous avez défini vos points clés et vous les avez illustrés chacun à merveille : il va falloir maintenant penser à reconnecter avec le premier point de la checklist : quel est l'impact que vous souhaitez sur votre public ? Pour cela, même si vous avez correctement déroulé votre raisonnement et votre démonstration, il faut conclure. À ce stade, il semble logique de conclure à la fin. Cela dit, suivant votre public, pas forcément. Ainsi, les Anglo-Saxons aiment connaître votre conclusion dès le début : ils aiment aller « *straight to the point* », comme ils disent entre eux. Le reste de votre présentation s'envisage ainsi comme une démonstration de ce que vous avez annoncé. Cette façon de fonctionner n'est pas inintéressante : elle utilise le biais cognitif de l'effet de cadrage pour donner plus de poids à vos points clés, qui, du coup, apparaissent comme des preuves de votre « conclusion introductive ». En quelque sorte, vous construisez un cadre cognitif préalable : « ma conclusion étant celle-ci, les points qui suivent l'appuient tous ». Le lien logique entre les points et la conclusion est ainsi réputé acquis dès le départ.

Pour les publics latins (français par exemple), le mode de discours classique implique généralement que la conclusion… conclue. À l'école, c'est de cette manière que nous avons été éduqués. La démonstration est donc linéaire, et vous reconnectez les points clés à votre conclusion à la fin. Ce faisant, votre public gardera en mémoire immédiate ce que vous aurez annoncé en conclusion et pourra peut-être se l'approprier plus facilement. Aucun des deux systèmes n'a prouvé qu'il était meilleur que l'autre : faites comme bon vous semble suivant votre audience.

## ◗ Ai-je bien sorti des feuilles blanches et un stylo ?

Vous avez rempli toute votre checklist, vous savez à qui vous allez parler, ce que vous voulez qu'ils retiennent, et avec quels exemples vous allez être certains qu'ils comprendront vos messages. Plus rien ne vous empêche de commencer votre présentation désormais. Pour cela, gagnez du temps en prenant quelques minutes préalables pour réfléchir à la structure de votre présentation sur des feuilles blanches, vous savez, cet objet du siècle dernier qui traîne maintenant dans la photocopieuse.

## L'avis de l'expert

**Guy Topiol, de l'agence DavyTopiol**

La feuille blanche est indispensable lors de la phase préparatoire. Mais plus en amont encore, il est généralement très profitable de faire un synopsis de la présentation, c'est-à-dire un résumé en un paragraphe maximum de l'histoire que l'on va raconter. En fait, c'est un peu réaliser un « pitch » de sa présentation. Une fois cette étape passée, on passe à l'écriture du script de la présentation, en fait, le texte qui sera dit par le présentateur. En quelque sorte, il s'agit de la « bande-son ». C'est sur celle-ci qu'il faut ensuite coucher les images, c'est-à-dire passer à la réalisation du storyboard de la présentation.

Et c'est ici que la feuille blanche prend tout son sens : en réalisant le storyboard à la main, on s'affranchit de ses propres limites artistiques et techniques, et on vise non pas un résultat par « défaut », mais un résultat idéal. Ensuite seulement, et enfin, il faut passer à la réalisation des slides, leur mise en page, et éventuellement leurs animations.

Avant même d'allumer PowerPoint, qui vous entraînera malgré vous dans sa logique séquentielle non narrative, faites ce qui suit :

- saisissez une feuille et un stylo ;
- allumez votre cerveau ;
- rédigez en quelques mots le chemin qu'empruntera votre présentation ;
- soumettez si nécessaire ce «chemin de fer» à un regard extérieur pour vous assurer de sa clarté.

Vous verrez, ce tout petit effort vous fera gagner un temps précieux par la suite et rendra l'ensemble de votre présentation plus fluide et plus cohérent.

Une fois que c'est fait, au travail ! Passons à l'étape de la conception de votre présentation.

# À retenir

- **Avant d'allumer votre ordinateur, demandez-vous si vous avez réellement besoin d'une présentation PowerPoint.** Si la réponse n'est pas évidente, souvenez-vous qu'à une époque pas si lointaine, l'idée même de slides n'existait pas, et pourtant le monde ne s'en portait pas plus mal... Pour peu que votre public ait été doté d'un cerveau, vous ne serez pas taxé d'incompétence si vous arrivez sans une présentation PowerPoint.
- **Une note de synthèse est toujours votre alliée.** Ce n'est pas un exercice scolaire dégradant que d'en rédiger une. Au contraire, c'est un exercice intellectuellement bien plus exigeant que rédiger une présentation PowerPoint. Elle vous permettra de bien saisir l'ensemble des données de votre présentation et gagnera à être distribuée à la suite de votre présentation ou envoyée par e-mail à ceux qui n'y ont pas assisté, accompagnée de votre présentation qui alors n'est plus seule à faire sens.
- **Une présentation PowerPoint se présente !** On ne saurait jamais assez le répéter. C'est une évidence, mais trop de slideshows sont conçus pour être lus ou diffusés sans discours oral d'accompagnement. Si vous devez concevoir une présentation qui n'aura pas vocation à être présentée par quelqu'un, réfléchissez dans ce cas à utiliser un autre support d'information. Et si ce n'est pas possible, relisez attentivement le chapitre 5.
- **Avant de commencer à travailler votre présentation,** définissez le but principal de votre présentation, étudiez votre audience, vos principaux points clés, vos illustrations pédagogiques et placez votre conclusion suivant l'effet recherché.
- **Munissez-vous de ces outils préhistoriques connus sous le nom de « feuille blanche » et de « stylo ».** Commencez à réfléchir à votre argumentation sur papier. Ne vous jetez pas immédiatement sur vos slides PowerPoint, vous seriez pris au piège du puissant cadre cognitif du logiciel et votre cerveau passerait automatiquement en mode « veille ».

# Chapitre 5

# Préparer sa présentation

## Ne soyez pas fainéant !

Que celui qui n'a jamais été tenté de réutiliser une précédente présentation PowerPoint au moment d'en commencer une nouvelle se dénonce.

Il est tellement plus facile d'emprunter un chemin déjà balisé plutôt que de partir de rien ! En plus, bien souvent, vous manquez de temps pour réaliser votre présentation, qui vous a été demandée aujourd'hui pour hier. Alors, bien légitimement, vous ouvrez une ancienne présentation qui pourrait avoir une thématique proche (présentation d'un produit, d'une stratégie de communication...), en étant certain que vous saurez vous appuyer dessus pour en faire une meilleure.

### Un conseil

Faire appel à un « assistant » de rédaction de slides est une fausse bonne idée. Cette fonction vous propose des templates de travail tout prêts et classés suivant les thématiques que vous souhaitez aborder : présentation commerciale, annoncer une mauvaise nouvelle... Vous êtes donc encouragé à moins réfléchir, et à moins collecter d'informations préalables. Ce faisant, avec moins de données initiales, le problème paraît forcément plus simple à appréhender... et vous avez l'impression d'avoir été clair et limpide dans votre présentation.

Moralité : parce que chaque problème est unique, ne cédez pas à la facilité, et repartez de zéro autant que possible, vous réfléchirez librement et plus efficacement.

L'illusion simplificatrice qui fait l'essence (et la vertu, pense-t-on) de PowerPoint est celle qui vous incite également à réutiliser d'anciennes présentations pour en créer de nouvelles. En faisant cela, vous vous enfermez volontairement dans une cage cognitive pas forcément pertinente pour votre sujet, ni appropriée à votre façon d'aborder la question, à votre état d'esprit, à votre audience…

Cette façon de faire appel au copier-coller contribue ainsi d'une manière sourde à provoquer, ici encore une illusion de connaissance : en vous incitant à ne plus faire la démarche nécessaire et préalable d'analyse des données du problème, et de leur remise à plat, vous vous privez d'informations supplémentaires peut-être capitales, et vous ne vous laissez plus la place de douter : votre pensée s'insère dans un cadre cognitif préalablement existant et vous avez la confortable illusion d'avoir compris et traité le problème comme il se devait…

## Préparez votre Master Slide

PowerPoint offre la possibilité d'éditer une slide modèle sur laquelle se déclinera toute votre présentation.

Prenez donc le temps, en vous appuyant sur les astuces ci-après, de préparer cette master slide : cela vous évitera d'avoir à vous occuper de la mise en page de chaque slide à chaque fois, de régler l'emplacement des titres d'une slide à l'autre, la couleur de la police, la taille, etc.

Les règles de base pour votre Master Slide sont simples :

### Un contraste suffisant

Certaines combinaisons de couleurs facilitent la lecture de vos slides. D'une manière générale, évitez les couleurs trop vives : non seulement c'est souvent d'un goût douteux, mais en plus elles sont inconfortables à lire. Gardez-les pour les PowerPoint du mariage de votre belle-sœur.

Sans aller jusqu'à vous conseiller d'adopter le traditionnel noir sur blanc, gardez en tête que le plus simple est souvent le plus facile à lire. Des sites Internet vous donnent même, pour être sûr, des ensembles de couleurs qui vont bien ensemble.

Adobe en propose un bien fait : www.kuler.abode.com. Dans l'onglet « Create », pour faire simple, sélectionnez l'option « Complementary » pour trouver les couleurs complémentaires à celles que vous avez déjà choisies ou qui vous sont imposées par la charte graphique de votre société.

D'autres sites existent bien évidemment, mais celui-ci présente l'avantage d'offrir une navigation intuitive.

## Une police facile à lire

Une fois que vous tenez vos deux ou trois couleurs de base, sélectionnez une police qui soit aisée à lire de loin. Les polices « sophistiquée », artistiques ou ludiques sont les pires : oubliez-les. Des études[1] ont prouvé que les polices les plus faciles à lire pour un public sont les polices qu'on appelle « Sans Serif ». Les Serif sont des empattements – des sortes d'extension au bout des lettres – qui permettent à l'œil, lors de la lecture d'un document imprimé, de passer plus facilement d'une lettre à l'autre, et ainsi de lire le mot plus vite. En un sens, ces petites extensions sont autant de ponts qui guident l'œil dans sa lecture.

La police Times New Roman, la plus répandue, est une police à Serif très facile à lire sur un document imprimé. Avec PowerPoint, comme vous devez projeter les slides sur un écran dont la résolution est inférieure à celle d'une feuille de papier imprimé, préférez les polices simples, c'est-à-dire sans Serif.

### À savoir

**L'étude menée par Mackiewicz sur cinq polices avec empattements et cinq sans a permis de caractériser deux polices particulièrement pertinentes pour PowerPoint en termes de professionnalisme et de confort de lecture : Gill Sans et Souvenir Lt.**

**En préparant votre Master Slide, pensez à régler une fois pour toutes vos slides sur une de ces deux polices, de cette manière vous rendrez service à votre public, et surtout, M. Mackiewicz n'aura pas travaillé pour rien.**

1. Mackiewicz J. (2007), « Audience Perceptions of Fonts in Projected PowerPoint Text Slides », *Technical Communication*, 54, 295-306.

En outre, si malgré tous nos avertissements vous faites une liste à puces (sans doute pour hypnotiser quelque aimable volatile), utilisez une petite astuce qui rend les phrases plus simples à lire :

**Écrivez la première phrase en noir**

**Puis la deuxième en gris foncé, et espacez vos phrases**

**Puis la 3e en gris un peu plus clair**

En vous arrêtant sur un gris pas trop pâle non plus.

De cette manière votre bullet list, de loin, ressemblera moins à un « pâté » de lettres noires, comme ceci :

**Où tout est écrit en noir**
**Et où les textes se suivent et se ressemblent**
**Sans espaces, ils sont pénibles à lire**
**Et fatiguent par avance votre auditoire**

## Un texte assez gros pour être lu

Rien de pire pour le public que de ne pas pouvoir lire ce que vous vous escrimez à leur projeter sur l'écran derrière vous. Inutile ici de se perdre en explications scientifiques douteuses sur la relation mathématique qui lie la taille de l'écran, la distance du dernier spectateur et la luminosité ambiante ainsi que l'âge du capitaine : *a priori*, si vous utilisez sur vos slides une police d'au moins 28, tout le monde devrait pouvoir la lire. Et si vous n'arrivez pas à faire rentrer tout votre texte avec une police de 28, c'est tout simplement que vous avez mis beaucoup trop de texte : élaguez !

Par ailleurs, et cela doit bien arriver à certains, s'il vous est revenu la pénible tâche d'animer le Congrès Annuel du 4e et du 5e âge, préférez une taille de police d'au moins 72.

En outre, en utilisant une police assez grosse, vous pourrez moins facilement céder aux tentations d'utiliser des niveaux hiérarchiques multiples, illusion totale d'une pseudo-organisation scientifique de vos idées. Nous avons vu que l'emploi de hiérarchies profondes dans les slides PowerPoint à la NASA avait contribué à rendre opaque les messages contenus dans les textes, et avait incité les lecteurs à ne prêter attention qu'aux titres des diapositives, pour ignorer finalement la complexité des démonstrations situées dans des invisibles sous-sous-sous-titres totalement déconnectés du titre principal. En rendant complexe le parcours de lecture de chaque slide, parcours déjà difficile du fait du caractère séquentiel de PowerPoint, l'utilisation d'une hiérarchie profonde handicape la lisibilité de l'ensemble du document. L'idéal est donc de s'en tenir à une idée par slide, sans introduire de sous-niveaux qui perdent le lecteur et l'auditeur dans un dédale complexe de titres, quitte à devoir utiliser un plus grand nombre de slides dans la présentation.

## Arrêtez de bullet lister!

N'oubliez jamais que les sciences cognitives ont démontré depuis longtemps que le format «liste» était le moins efficient en termes de mémorisation. Tenez, par exemple, seriez-vous capable de réciter maintenant la liste des mots présentés dans le chapitre précédent? Par contre, si vous vous souvenez de l'histoire que nous vous avions proposée avec ces mêmes mots (vous savez, l'histoire du singe!), il est probable que vous puissiez retrouver tous les mots de la liste. Faites l'essai!

La narration, outre qu'elle facilite la mémorisation des messages, vous ouvre un espace de liberté dont la liste, précisément, vous prive. En contraignant votre discours oral à suivre les étapes impératives de la liste, vous construisez une cage à votre prise de parole dont ne pourra sortir aucun élément de digression, aucune spontanéité, aucune improvisation. Vous imposez des frontières à ce que vous pouvez dire, et restreignez votre rôle à une lecture des items de la liste. En somme, vous privez l'audience de la partie humaine de votre présentation, celle qui précisément a en charge de faire passer 80 % du message!

La liste n'est qu'un artifice d'organisation, elle propose un semblant d'ordre, qui n'a d'ordonné que la forme. Vous pouvez lister ensemble tout et n'importe quoi, cela donnera toujours une illusion de clarté, alors que vous n'aurez fait qu'empiler des mots.

## Un conseil

Reprenons la procédure d'approche de la sonde Mars Climate Orbiter avant qu'elle n'impacte la planète Mars. Cette procédure a certainement été balisée, prévue et répétée dans les moindres détails. De nombreuses et diverses checklists d'approche à scrupuleusement respecter doivent avoir été mises en place. Mettez-vous à la place de l'opérateur de vol de la sonde : vous suivez à la lettre votre checklist à vous. Un élément, puis un autre. Tout est sous contrôle. Cette façon de procéder est tout à fait pertinente lorsqu'il y a nécessité de ne rien oublier dans une procédure et qu'il faut suivre un plan à la lettre. Mais elle stérilise en même temps toute forme de doute. Comment douter des systèmes de mesure utilisés pendant que vous suivez méticuleusement une liste ? Plus un système devient complexe et s'appuie sur des listes rationnelles pour fonctionner, plus il devient vulnérable à l'imprévisible, à ce qui n'a pas été pris en compte dans une liste ou une autre.

Ainsi, lorsque vous faites une liste à puces sur PowerPoint, prenez le temps de vous demander non pas si vous avez tout mis, mais « à quoi est-ce que j'aurais pu, tout simplement, ne pas penser ? »

Donc à la liste, froide et impersonnelle, désengagée et inefficace comme vecteur de sens, préférez une seule phrase, avec verbe conjugué : son impact est nettement supérieur.

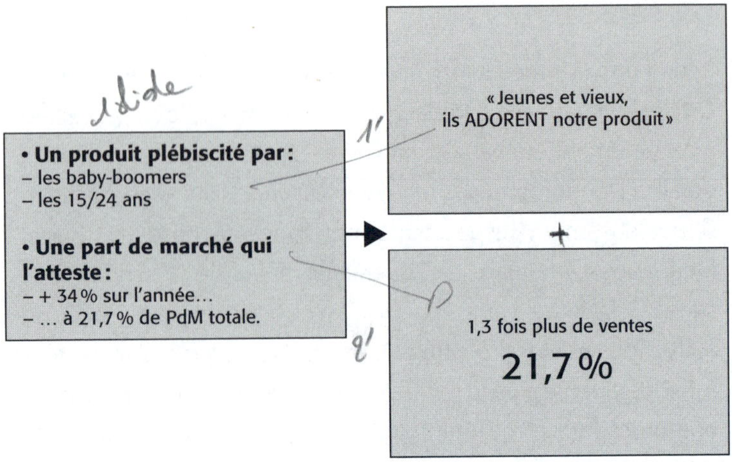


**Figure 5.1** Exemples de bullet points et de slides narratives

Sur cet exemple, vous transformez une première slide de données (à gauche) en deux slides distinctes (à droite), qui vous permettent sur la première d'accrocher le public avec une idée exprimée en français (vous précisez les détails à l'oral), puis dans un deuxième temps de l'illustrer en faisant ressortir le chiffre qui vous intéresse. D'ailleurs, n'hésitez pas, pour la deuxième slide, à faire apparaître d'abord « 1,3 fois plus de ventes », puis, en même temps que vous l'annoncez, « 21,7 % ». De cette manière, votre public ne sera pas tenté de lire ces informations avant que vous n'ayez eu le temps de leur dire… et il les retiendra mieux.

## Less is more !

Vous connaissez certainement cet adage anglais, qui sonne beaucoup moins bien en français : « Moins, c'est plus ». S'il est surtout valable en design (pensez au look épuré des produits Apple), il l'est tout autant en matière de slides PowerPoint, qui sont toujours concernées par des préoccupations d'ordre esthétique. Dans les deux slides suivantes, laquelle exprime le mieux l'idée de remerciement, selon vous ?

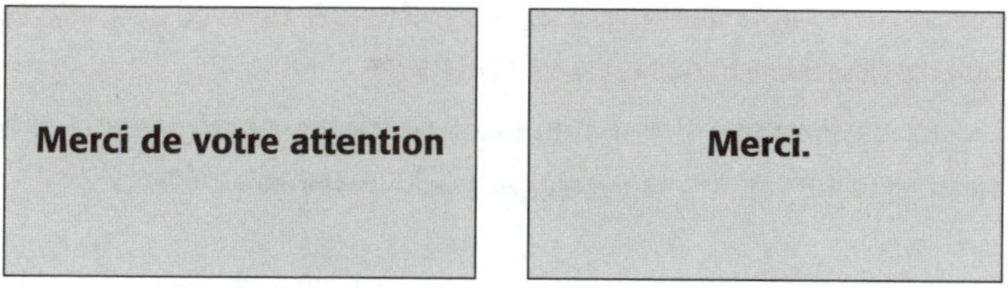


**Figure 5.2** Slide de remerciements : trop classique (à gauche) ; centrée sur le message clé (à droite)

Tâchez d'ôter tout « brouhaha » visuel autour de votre message : la science, là encore, nous prouve que moins vous introduisez dans vos slides d'éléments perturbateurs, plus votre message clé sera visible, lu et compris rapidement.

Des études sur le design des slides PowerPoint[1] – décidément, le sujet passionne ! – ont montré que plus il y avait d'interférences sur une slide (arrière-plan rose, police fantaisiste, sons et animations de transition entre les slides...), plus le taux de mémorisation était mauvais. À l'inverse, des slides épurées, avec du contraste, une police facile à lire et des graphiques clairs remportent un meilleur score de mémorisation.

De la même manière, il a été prouvé que la propension des utilisateurs à agrémenter leurs slides d'images souvent inappropriées, parce qu'elles diluent le sens et favorisent une certaine fatigue cognitive, entraîne des scores de mémorisation inférieurs à ceux de slides sans illustration. Avant d'aller sur Google Images copier-coller une photo pour laquelle vous n'avez d'ailleurs souvent pas les droits d'utilisation, demandez-vous en quoi cette photo peut vous aider à faire passer le message.

Enfin, si PowerPoint offre de très nombreuses possibilités d'agrémenter ses données de graphiques en 3D, lissés, brillants, ombrés, découpés, avec des reflets, etc., ne vous laissez pas avoir. Mackiewicz, encore lui, a prouvé[2] que votre public percevait mieux les graphiques en 2D que

1. Alley M., Schreiber M., Ramsdell K. et Muffo J., « *How the Design of Headlines in Presentation Slides Affects Audience Retention* », *Technical Communication*, 53, 225-234, 2006.

2. Mackiewicz J., « *Perceptions of Clarity and Attractiveness in PowerPoint Graph Slides* », *Technical Communication*, 54, 145-156, (2007-1).

ceux en 3D, et qu'il valait mieux, en même temps, que vous utilisiez des couleurs froides avec des contrastes appuyés.

« La perfection est atteinte non pas lorsqu'il n'y a plus rien à ajouter, mais lorsqu'il n'y a plus rien à enlever », disait Saint-Exupéry...

## Il y a une zone de commentaires, alors commentez !

Regardez deux minutes sous la slide que vous êtes en train de rédiger. Vous avez vu ? Un espace blanc qui vous demande des « commentaires »...

Vous ne vous en servez jamais, dites-vous ? Halte là ! Vous devriez pourtant, vous allez voir pourquoi.

On l'a vu, ce n'est pas le propos d'un PowerPoint que d'offrir un espace de rédaction qui ne sera pas projeté puisqu'une présentation, par définition, se présente. Mais vous le savez mieux que personne, vos slideshows PowerPoint sont autant projetés en public qu'envoyés en pièces jointes d'un e-mail, imprimés et/ou stockés sur l'intranet de votre entreprise en tant qu'archives.

Or, nous avons vu que lorsque **vous** n'êtes plus là, vous l'orateur, pour accompagner votre slideshow, vos présentations perdaient énormément de leur capacité à transmettre leurs informations, notamment à cause de la perte du partage du contexte entre vous et votre lecteur. La zone de commentaire peut justement vous servir à recréer ce contexte à partager. Toutes les phrases que vous auriez envie de développer mais que vous ne pouvez pas, faute d'espace, mettre sur vos slides, allez-y : rédigez-les sur cet espace vierge. Vous avez là tout le loisir de vous assurer que votre lecteur pourra comprendre le sens de vos slides, sens nécessairement comprimé et condensé du fait même de la structure PowerPoint.

N'hésitez pas, d'ailleurs, à vous adresser par écrit à votre lecteur : votre message n'en sera que plus clair, et vous n'aurez pas tendance à vous parler à vous-même. Développez votre raisonnement comme si vous écriviez sur un logiciel de traitement de texte : rédigez en fait une mini note de synthèse pour chacune de vos slides. Une fois imprimés, vos commentaires sont en plus automatiquement présentés à côté de leur slide de référence.

Non seulement cela sera d'un immense secours pour votre futur lecteur, mais en plus cela vous permettra de :

– rendre vos présentations plus pertinentes et utiles en tant qu'archives ;
– développer votre démonstration, slide par slide, et donc d'y anticiper les questions, doutes et problèmes qu'elles soulèvent chacune ;
– disposer d'un document de référence (aide-mémoire) pour vous entraîner à retenir les éléments importants pour l'oral de votre présentation ;
– favoriser la génération de signaux faibles, dont on a vu l'importance dans le processus de prise de décision.

## Rédigez 2.0

Les éditions récentes de PowerPoint offrent la possibilité d'intégrer n'importe où des liens hypertextes. En un clic, vous quittez votre présentation aux slides trop étroites, pour retrouver enfin l'espace de liberté d'Internet.

Sur cette possibilité technique, notre point de vue est simple : *a priori*, tâchez d'éviter autant que possible d'avoir recours à des digressions hypertextuelles pendant votre présentation. D'une part cela vous oblige à des manipulations de claviers (ou pire, de souris si vous ne connaissez pas les raccourcis clavier) qui favorisent le relâchement de l'attention de votre public, d'autre part vous favorisez également les erreurs de manipulation (fermeture intempestive de PowerPoint, ouverture de fenêtres secondaires, voire plantage de l'ordinateur…). Sur la question des raccourcis claviers, sachez que ALT + F4 permet de fermer la page web que vous venez d'ouvrir pour retourner, ni vu ni connu, à votre présentation.

Cela dit, si votre présentation a vocation à être un document de travail envoyé par e-mail ou stocké sur un intranet, alors les liens hypertextes peuvent au contraire devenir vos alliés les plus précieux.

Reprenons l'exemple de la navette Columbia. Si, sur le PowerPoint de travail des ingénieurs, un lien hypertexte vers, par exemple, des précisions sur les « mousses isolantes » avait été intégré, il aurait peut-être permis aux lecteurs décisionnaires de prendre une mesure plus réelle du danger qui pesait sur les astronautes, et éventuellement de modifier leur décision finale. L'avantage d'inclure des liens hypertextes dans les slides est de pouvoir donner à votre lecteur l'accès, en un clic, à la totalité de la sphère Internet sans perdre en concision au niveau de vos slides. Comme une note de bas de page, le lien hypertexte sur PowerPoint peut ainsi devenir un précieux pont vers les signaux faibles qui sont précisément manquants sur les slides.

De la même manière, si vous craignez que certains mots techniques utilisés dans votre présentation soient mal compris par vos lecteurs, n'hésitez pas à transformer le mot en question en lien hypertexte, comme sur une page Internet. Plus vous facilitez la recherche d'informations à votre lecteur, plus vous augmentez vos chances de partager le contexte qui, à distance, fait défaut, et plus vous favorisez le processus d'échange d'informations.

# À retenir

- **Résistez à la tentation de réutiliser de précédentes présentations.** Votre façon de traiter le problème, le contexte dans lequel vous allez effectuer votre présentation et votre audience sont uniques pour chaque présentation. Ne vous bridez pas l'intelligence en forçant vos idées à emprunter le chemin d'un autre : votre approche est peut-être nettement meilleure.
- **Préparez une bonne fois pour toute une master slide facile à lire :**

  1. Adoptez un contraste suffisant sur vos slides et évitez les couleurs fantaisistes.

  2. Préférez des polices sans empattement : la résolution d'un écran ou d'un rétroprojecteur est plus faible que celle d'une feuille imprimée.
- **Arrêtez les listes à puces !** Préférez un style narratif, utilisez des verbes conjugués, des conjonctions de coordination mais donnez du sens à vos messages, n'en faites pas un enfilage de faits ennuyeux.
- **Faites simple.** Ce n'est pas parce que vos graphiques ne sont pas en 3D avec des reflets que vous n'avez pas suffisamment travaillé. C'est peut-être très joli à l'œil, mais vous ne vendez pas un bijou ou une œuvre d'art, vous essayez de vous assurer que le message porté par vos slides soit transmis. Donc évitez la 3D, utilisez des contrastes et préférez des couleurs froides. *Less is more !*
- **Pour vos lecteurs, prenez la bonne habitude d'utiliser la zone de commentaires.** Ils pourront ainsi comprendre le sens de vos formulations nécessairement concises sur vos slides, et vous pourrez réellement y adopter un style narratif propre à une meilleure transmission des informations. En outre, les commentaires donnent à vos PowerPoint une meilleure valeur d'archivage, qui possèdent alors nettement plus d'informations et sont en mesure de pouvoir plus facilement partager le contexte avec le lecteur.
- **Pour vos lecteurs encore, n'hésitez pas à utiliser les liens hypertextes.** Ils créent du contexte et contiennent les précieux signaux faibles qui pourraient être déterminants pour votre lecteur. Par contre, à l'oral, pensez à les désactiver : ils pourraient créer plus de perturbations qu'autre chose.

# Chapitre 6

# Réussir sa présentation

## Chauffez la salle

Maintenant, vous l'avez compris : PowerPoint est un outil de présentation autant que de représentation, dans lesquelles vous êtes tout à la fois scénariste, acteur, metteur en scène, réalisateur... Il vous revient donc, également, le rôle de préparer votre audience.

Tout comme une bande d'annonce va donner ou non envie de voir le film et prédisposer favorablement ou non les spectateurs, vous avez tout intérêt à rendre l'idée même d'aller assister à votre présentation attractive. Il ne s'agit pas de sur-vendre votre prestation tel un publicitaire, mais de favoriser l'attention future de votre audience à votre présentation en leur donnant à voir en quoi votre travail va leur être bénéfique et utile. Votre objectif ici est de générer une situation d'attente vis-à-vis de votre présentation : cette attente favorisera l'attention lorsque vous prendrez la parole.

Concrètement, comment faire ? Deux cas de figure s'offrent à vous :

- votre présentation aura lieu à l'occasion d'une réunion en interne ou en petit comité avec un client ou n'importe quelle partie prenante ;
- votre présentation aura plutôt la forme d'une conférence, devant un public généralement plus nombreux.

Dans les deux cas, appliquez les mêmes recettes : vous vous adressez toujours à un public, qu'il soit constitué d'une seule personne ou de deux mille. Vous allez inévitablement devoir, d'une manière ou d'une autre, communiquer à ces publics que votre présentation aura lieu : par e-mail en interne, par un flyer pour une conférence, par un intranet... C'est en tout cas à ce niveau qu'il vous faudra, déjà, susciter un brin d'intérêt. Mettez votre audience dans un état d'esprit préalable positif. Pour cela, deux étapes :

### Étape 1 :

Définissez clairement la thématique selon une forme qui trouve un écho chez votre future audience. Trouvez l'angle de traitement de votre intervention qui suscitera le plus son intérêt, suivant qui est ce public. Commerciaux, ingénieurs, comité de direction, étudiants, syndicats... Tous ces « cercles » parlent un langage commun, et possèdent des intérêts communs : trouvez-les et appuyez-vous dessus pour annoncer votre thématique. Cherchez l'élément qui leur permettra de penser que votre présentation leur apportera quelque chose d'utile dans leur métier, dans leur vie, pour leurs revenus, leur santé... Vous limiterez ainsi les risques de rejet préalable qui prennent la forme d'un classique «Bof, encore une réunion inutile...».

### Étape 2 :

Annoncez le «bénéfice produit» de votre présentation. Après avoir cadré le thème général de votre intervention de manière pertinente par rapport à votre futur public (n'oubliez pas d'adopter leur point de vue, c'est-à-dire de répondre à la question : que viennent-ils chercher ?), appâtez-les. Encore une fois, inutile de surjouer : ne promettez pas des choses que vous n'allez pas tenir, vous ne ferez que vous décrédibiliser. N'annoncez pas non plus que votre présentation sera à «couper le souffle» si vous comptez présenter de simples résultats financiers... Par contre, n'hésitez pas à extraire de votre slideshow un élément fort, une donnée clé qui éveillera l'attention ou la curiosité de votre futur public. Pour cela, le recours à un élément chiffré précis et percutant peut vous aider. Par exemple, si vous intervenez sur le thème de la simplification administrative et comptable en entreprise, annoncez par exemple en sous-titre que vous allez présenter une méthode pour faire passer la feuille de paie de 24 lignes à seulement 4 (bien entendu, en France aujourd'hui, c'est encore un doux rêve).

### Un conseil

Vous avez correctement annoncé votre intervention à votre public. Ils vont arriver dans quelques minutes. Avant le début de la présentation, vérifiez simplement les éléments suivants :

– **La température de la pièce :** rien de mieux pour perdre leur attention qu'une pièce glacée ou au contraire trop chaude. Si vous devez malgré tout choisir entre un peu trop froide ou un peu trop chaude (on ne sait jamais, certains jours la chance ne vous sourit pas), préférez la fraîcheur. Le froid réveille alors que la chaleur fait somnoler.

– **La sonorisation:** assurez-vous qu'aucun bruit extérieur ne puisse perturber la perception auditive de votre public. Des travaux dans le bâtiment, un moteur qui ronronne, et ce bruit de fond pourra totalement pourrir votre intervention. De même, si la salle est petite, assurez-vous que votre voix porte suffisamment pour que tout le monde vous entende. Si la salle est grande, prenez un micro et testez-le avant l'arrivée des participants. Veillez à demander par écrit (au moyen de petites affichettes) et oralement, dès le début, à ce que tout le monde règle son portable sur silencieux.

– **La luminosité par rapport à l'écran de projection:** ce serait bien bête, après avoir passé tout ce temps à préparer votre présentation, qu'elle soit parfaitement illisible pour une moitié de la salle à cause d'un projecteur ou d'un puits de jour...

Enfin, gardez en tête que la matinée est en général plus propice à une présentation. L'attention est meilleure qu'après le déjeuner ou qu'en fin de journée, où la fatigue et la lassitude ne vous aideront pas à captiver les foules. Si vous le pouvez, imposez un horaire matinal pour votre intervention.

Maintenant, détendez-vous, vous avez suivi tous les conseils précédents, vous connaissez donc le déroulement de votre présentation sur le bout des doigts, vous savez qu'elle est bien construite et bien argumentée, vous avez même anticipé les questions et les problèmes éventuels... Allons donc à présent faire un tour sur scène.

## Arrêtez de regarder l'écran!

Vous le visualisez, ce présentateur mille fois croisé qui, sur scène, finit invariablement par passer le plus clair de son temps tourné vers l'écran, et non plus vers son public? Qui, à chaque slide, se retourne pour vérifier qu'elle s'est bien affichée à l'écran?

À sa décharge, comme on l'a vu, la lutte est inégale. Entre un écran imposant, lumineux et coloré placé au centre du champ de vision du public, et notre orateur, qui ne sait trop où se placer pour exister, le choix du spectateur est vite fait. La sanction est immédiate : notre pauvre présentateur s'est transformé en accessoire ennuyeux de son slideshow. Si vous présentez à des enfants une télévision allumée et, en même temps, un livre d'images en noir et blanc, où croyez-vous qu'ils focaliseront leur attention ? Il en va de même ici. Ne vous laissez pas manger par votre présentation : **elle est là pour servir votre discours, et non l'inverse.**

Si vous avez suivi nos conseils de rédaction de votre présentation, vous devriez être nettement moins tenté de vous appuyer sur l'écran, tout simplement parce que vous avez conçu votre présentation comme l'accessoire de votre démonstration. Cela dit, pour être certain de ne pas passer votre présentation tourné vers l'écran, gardez en tête les points suivants.

## Répétez et répétez encore votre présentation

Il n'y a malheureusement pas de secret ici : mieux vous connaîtrez votre présentation, plus vous serez à l'aise avec, et moins vous serez tenté de vous appuyer sur l'écran ou sur vos notes. Pensez aux discours des hommes politiques : les plus convaincants sont généralement ceux qui parlent sans note. Cela donne l'illusion qu'ils maîtrisent parfaitement le sujet, et donc qu'ils sont compétents pour ce à quoi ils aspirent. C'est exactement la même chose pour vous, surtout si votre présentation a pour but de convaincre (un client, un supérieur, un décideur…). La conviction repose autant sur l'image que l'interlocuteur a de vous que sur votre argumentation. Soyez crédible : si vous prétendez effectuer une présentation sur un thème, c'est logiquement que vous le connaissez, que vous êtes la personne compétente sur ce thème. Vous référer sans cesse à l'écran comme une antisèche démontre précisément l'inverse, c'est donc totalement contre-productif pour votre crédibilité !

Steve Jobs, souvenez-vous, répétait ses conférences pendant trois semaines avant d'être au point. Elles paraissent ainsi totalement naturelles, mais c'est précisément le résultat de dizaines et de dizaines d'heures de travail.

## Regardez votre public : il est là pour vous !

Rien de plus énervant que de parler à quelqu'un qui ne vous regarde pas. C'est insultant, déroutant, irrespectueux... Ce n'est pas l'image de vous que vous souhaitez donner à votre public. C'est à lui que vous parlez, pas à votre présentation. Bien souvent, on voit l'orateur créer plus d'interactions avec sa propre présentation qu'avec son public : il n'est pas dans l'optique de transmettre une information à ce dernier, mais simplement d'apparaître en parfaite harmonie avec son slideshow, comme pour démontrer son professionnalisme et sa maîtrise technique du logiciel. En fait, il faut savoir qu'il est plutôt difficile pour l'orateur de devoir gérer simultanément son interaction avec le public et sa gestion de la présentation. L'écran apparaît comme un troisième interlocuteur avec lequel il faut jouer : c'est comme parler à deux personnes à la fois, sauf qu'une des deux n'a pas d'yeux et ne vous écoute pas, alors oubliez-la ! **PowerPoint est votre accessoire, le public votre priorité.**

### Un conseil

Petit conseil pratique pour rester toujours face à votre salle : placez l'ordinateur qui vous sert à changer de slides face à la salle, et non sur le côté, comme c'est souvent le cas. De cette manière, en appuyant sur le clavier pour passer à la slide suivante, vous ne perdrez votre public des yeux qu'une fraction de seconde, vous aurez moins de gestes à effectuer. Vous serez moins déconcentré par votre dispositif technique. L'idéal cependant pour votre prestation reste une petite télécommande pour faire défiler votre slideshow. Elle vous autorise à ne pas vous placer derrière votre ordinateur, mais à occuper l'espace scénique. Vous êtes donc libre de marcher, avancer vers le public, remuer les deux bras pour appuyez vos paroles… Une télécommande libère vos mains et rend votre gestuelle plus naturelle. Gardez en tête que vos mains (ainsi que tout votre corps), même pendant une présentation PowerPoint, sont extrêmement communicatives.

Cette règle est d'autant plus importante à appliquer lorsque vous arrivez à un point important de votre présentation, à une de ces idées clés que vous avez identifiées dès la préparation de votre slideshow. C'est une de celles que vous voulez que votre public retienne absolument. Alors à ce moment surtout, forcez-vous si nécessaire, mais fixez-les droit dans les yeux. Comme il est un peu difficile de fixer droit dans les yeux plusieurs personnes en même temps, choisissez quelqu'un vers le fond de la salle et ne le lâchez plus jusqu'à la fin de votre phrase clé. Puis, lorsque vous répéterez cette idée – après un bref silence – pour être sûr qu'ils vous auront écouté, changez d'interlocuteur, et fixez les yeux de quelqu'un d'autre.

L'avantage de fixer quelqu'un vers le fond de la salle est qu'inconsciemment, vous allez hausser le volume de votre voix afin qu'il ou elle puisse vous entendre. Ce faisant, toute la salle pourra en fait vous entendre, et l'attention générale n'en sera que meilleure. En vous faisant entendre, vous affirmez (vous méta-communiquez, en fait) que vous avez réellement quelque chose à dire.

## Créez une conversation

Si vous partez dans l'idée de réciter votre présentation, vous ne pourrez pas faire passer l'information. Éventuellement, vous susciterez des commentaires flatteurs sur votre mémoire, mais rien de plus. La meilleure chose à faire est de chercher à recréer une conversation entre vous et le public. Regardez comme les comiques, aujourd'hui, utilisent la formule «toi, public», et s'adressent à la salle comme s'il s'agissait d'une seule et même personne. Au-delà de l'humour de la formulation, cette astuce a le mérite de vous mettre dans l'état d'esprit d'une véritable conversation. Vous êtes en train de parler à quelqu'un. Il vous suffit de dire « vous » à votre public en imaginant qu'ils sont une seule et même personne pour recréer cette dynamique de dialogue.

Le fait de vous obliger à fixer ainsi une personne vers le fond de la salle participe de cette même astuce : c'est à travers elle que vous parlez, en fait, à tout le monde. Pendant votre discours, posez-lui (leur) des questions, certes rhétoriques, mais qui auront la vertu d'introduire un peu de discontinuité dans votre débit de parole, et d'impliquer verbalement votre public en lui offrant une existence au milieu de votre présentation. En les aidant à se sentir présents et acteurs de votre présentation, vous maximiserez leur attention.

Là encore, gardez en tête que moins vous chargez vos slides de contenu (et de bullet list), plus vous vous autoriserez à avoir cette conversation avec votre audience. Plus vous vous imposerez de bornes et de frontières cognitives, moins vous vous laisserez de liberté pour créer cette précieuse interaction. Imaginez que vous engagiez une conversation avec une vraie personne, mais que vous ayez l'obligation, dans vos phrases, de placer une liste d'éléments imposés… votre spontanéité en prendrait un sacré coup, n'est-ce-pas ?

## L'écran n'est pas votre carnet de notes

Avant de vous lancer dans votre présentation, gravez dans un coin de votre tête que l'écran n'a pas vocation à vous servir de carnet de note. Munis de votre télécommande, un œil sur votre ordinateur portable devant vous dans l'axe du public, vous ne devriez même pas jeter ne serait-ce qu'un œil à l'écran de projection. L'aide mémoire, c'est soit votre ordinateur, soit vos slides imprimées avec la zone de commentaires éventuellement, soit de petites notes cartonnées que vous aurez préparées préalablement, à l'image des présentateurs d'émissions de télévision avec leurs invités. Sur ces feuilles, de petits formats (vous serez moins tentés d'écrire un roman, et c'est nettement moins encombrant à manier et à glisser dans votre poche avant la présentation), notez en gros et en un seul mot pour chacune les 2 ou 3 idées importantes de chaque slide.

Aucun verbe conjugué ici, pas même de bullet list : vous risqueriez de vous croire obligés de suivre l'ordre des mots… Notez simplement les deux ou trois mots-clés autour desquels vous allez développer votre argumentation, que vous avez bien entendu et de toute façon préparée sur votre feuille blanche, ainsi qu'éventuellement sur la zone de commentaires. En cas de panne ou de bug informatique, vous pourrez en outre, grâce à ces notes, continuer votre présentation sans être gêné le moins du monde. Et là, c'est vraiment la classe.

## Regardez-vous

Si vous voulez progresser rapidement, appliquez la méthode forte : à l'occasion d'une de vos présentations, demandez à un complice de vous filmer. Avec tous les smartphones, tablettes et autres petits bijoux électroniques modernes, ce serait bien le comble de ne pas trouver un moyen. En vous observant en pleine action, vous serez le plus cruel et le plus impitoyable des juges.

Visionnez votre prestation, visionnez la encore, notez tout ce qui vous choque, et regardez ensuite une présentation d'un Steve Jobs ou d'un Guy Kawasaki sur YouTube. Comparez, apprenez et pratiquez. Comme disent les Anglais en trois mots (idéal pour un PowerPoint) : *practice makes perfect.*

Enfin, sachez que si votre profession vous amène régulièrement à mener des présentations PowerPoint, la pratique du théâtre ou le recours à un coach peuvent réellement vous apporter beaucoup : gestion du placement de voix, communication non verbale, gestion du stress… En plus, ce dernier aura tout le loisir de vous filmer et de vous aider à être impitoyable.

## Soyez sympa avec votre public

Pour commencer, épargnez-leur déjà un effort inutile : vos informations visuelles (mots, nombres, images) doivent être facilement lisibles (police en taille 28 minimum). Donc veillez à mettre toujours peu de texte plutôt que trop. Votre PowerPoint compte sur vous pour compléter les informations dont vous l'aurez cruellement privé. Et si vous vous sentez l'âme d'un romancier en préparant votre PowerPoint, rédigez donc une note de synthèse à la place : vous en connaissez maintenant les avantages. Toujours dans l'idée de faciliter la lecture pour votre public, et simplement au cas où vous l'auriez oublié, veillez bien à choisir des couleurs à contraste élevé et une police appropriée pour la lecture d'informations projetées (c'est-à-dire sans empattement).

Maintenant que vous leur avez permis d'avoir le moins d'efforts possible à fournir pour lire et comprendre vos informations, vous êtes déjà franchement un saint.

Mais vous pouvez être encore meilleur, et pour cela, rien de plus simple : soyez sympa avec votre public, au sens littéral du terme. Souriez. Faites que vos yeux brillent, que votre discours prenne vie. Le sourire inspire la confiance (sinon, tous les visages sur les publicités auraient pu avoir une tête d'enterrement), il facilite l'empathie. Souvenez-vous du biais cognitif de l'effet de cadrage : le sourire vous aide à créer un cadre cognitif d'acceptation facilitée de votre discours.

En outre, n'oubliez pas de parler lentement et répétez les éléments clés. Si vous, vous connaissez par cœur votre argumentation, vos spectateurs, non. Ils ont besoin de plus de temps que vous pour entendre, comprendre et assimiler vos informations. Comme, en plus, vous savez toujours quel sera le prochain point de votre discours, vous avez tendance sans vous en rendre compte à ne pas marquer de pause et à accélérer votre débit de parole pour y arriver plus vite.

Pourtant, faites l'effort de vous taire quelques instants. Souvenez-vous, au collège, que lorsque le professeur arrêtait soudain de parler, un silence de pierre s'abattait dans la salle en quelques instants seulement. Le silence est une forme de communication à part entière. En droit, on dit même que le silence peut valoir acceptation. En communication orale, il en va de même. Le silence engage les mots que vous venez de prononcer en leur laissant le temps de résonner dans la tête de votre public ; le silence déroule un tapis rouge aux mots que vous allez prononcer. En outre, le silence vous offre la possibilité de reprendre votre souffle pendant que votre public médite vos paroles.

## Un conseil

« La parole est d'argent, mais le silence est d'or. »

« Qui ne dit mot consent. »

« Un silence lourd de sens. »

Le silence, étrangement, est sans doute la forme d'expression la plus difficile à maîtriser quand il s'agit de prise de parole en public. Mais le silence n'est pas une négation de la parole. Le silence ne trahit pas l'absence ni le vide : on remplit trop souvent nos vides par de l'accessoire. Le silence donne toute sa puissance à vos mots. Une slide PowerPoint n'affichant qu'un seul mot, en quelque sorte, possède et donne à ce mot ainsi magnifié cette force qu'offre le silence.

Finalement, pour citer Balzac, « quoi de plus complet que le silence ? »

Apprenez à vous taire quand vous parlez.

## Soyez persuasifs

Être persuasif n'est pas inné : les avocats, par exemple, l'apprennent, et deviennent d'ailleurs souvent de redoutables politiciens.

### Un conseil

C'est en termes de persuasion que peut se mesurer toute la force des testimoniaux, ces témoignages, sortis de tout contexte, issus de « vrais » gens qui les auraient vraiment prononcés. Citez ainsi des témoignages de personnes issues du même « moule » que votre public, et celui-ci sera aussitôt plus enclin à accepter et faire siennes vos idées puisque des personnes qui leur ressemblent en parlent (en bien). C'est la technique de persuasion dite « du quidam », qui vise à faciliter la projection de votre auditoire. À l'inverse, démontrez que le camp adverse a adopté une idée pour susciter une désapprobation presque automatique de cette idée par votre public. Par exemple, si vous deviez convaincre une salle remplie de lycéens boutonneux d'abandonner PowerPoint, ne perdez pas trop de temps en explications rationnelles. Glissez-leur plutôt que leurs parents consacrent 35 heures par semaine au logiciel et ne peuvent s'en passer…

### Faites d'une faiblesse une force

En appliquant les astuces oratoires développées jusqu'ici, vous avez déjà une belle base pour donner du poids à votre discours. Mais allons plus loin : utilisez le biais de confirmation, qu'on a vu en première partie, pour renforcer encore l'impact de vos idées. Pour cela, puisque vous connaissez bien votre public, ses référentiels de valeurs, d'histoire, sa lecture de l'actualité (les banquiers par exemple ont tous plus ou moins mal vécu la crise financière en termes d'image), ses déformations professionnelles cognitives (manière d'appréhender une information et de la traiter), n'hésitez pas à vous en servir pour y insérer vos propres idées. Il ne s'agit pas de les pervertir, simplement de les maquiller aux couleurs qu'apprécie votre public.

Le biais de confirmation utilisé à votre avantage peut être puissant : c'est celui qui est mis en œuvre par les publicitaires lorsqu'ils vous martèlent que tel produit ou tel film a été plébiscité par telle tranche de la population à laquelle vous appartenez, et avec laquelle vous savez que vous partagez des valeurs communes. Le biais de confirmation permet de faire confirmer par vos pairs que vous allez certainement adorer le produit ou le film en question. La stratégie est d'habiller le produit – ou ici, l'idée – avec les habits de votre public. Construisez un discours qui ressemble à votre audience : utilisez les mêmes mots, leurs références… Plus vous leur ressemblerez en un sens, plus leur confiance implicite en votre discours sera forte.

## ◗ Soyez concrets

Toujours dans l'idée d'augmenter votre force de persuasion, n'hésitez pas à rendre vos idées concrètes suivant la réalité qui est celle de votre public. Trouvez des illustrations qui leur seront parlantes. Ainsi, pour sensibiliser nos jeunes lycéens boutonneux (encore eux) au problème de la dette française, préférez, aux nombres ébouriffants de la réalité économique, un nombre qui puisse leur parler, qu'ils seraient en mesure d'appréhender et de retenir. Annoncez leur ainsi qu'avant même leur majorité, chacun d'entre eux est ainsi endetté de 25 000 euros (marquez un petit silence ici, puis répétez le nombre, en ayant pris soin de l'afficher, seul, grand, sur votre slide). Enfin, convertissez ce nombre, par exemple, en quantité de scooters de 49 $cm^3$, et montrez à l'écran la photo de 5 ou 6 de ces engins qu'ils connaissent bien… On pourrait parier que non seulement ils retiendront tous ce nombre, mais qu'ils en parleront entre eux. Ensuite, puisque vous avez réussi à gagner leur attention de cette manière, vous pourrez leur faire plus facilement passer des informations « classiques ».

Une petite astuce, ici, mérite aussi le détour : la technique de la slide vide (toute blanche ou toute noire). Si vous avez une idée ou une information très importante que vous voulez que votre public retienne absolument, affichez, au moment où vous y arrivez, une slide vide, et attendez quelques secondes. Ce silence visuel vous offrira toute l'attention de l'auditoire, intrigué. Et comme il n'y aura strictement rien à voir sur la slide, ils n'auront pas d'autres choix que de vous écouter. Puis, après avoir dit ce que vous aviez à dire, mais après seulement, affichez éventuellement la slide correspondante pour associer leur mémoire visuelle.

## Anticipez les problèmes

Pendant une présentation PowerPoint, nombre d'imprévus peuvent surgir, du fond de votre PC comme du fond de salle. L'idée ici est que vous soyez à même de réagir comme les professionnels de la slide, ceux qui ne se laissent jamais démonter par un imprévu (bugs, retardataires, sonneries de téléphone…) et parviennent à réagir à la perfection, se payant même le luxe de sortir une vanne qui fera rire toute la salle (alors qu'un *quidam* ordinaire se serait déjà couvert de ridicule, bafouillant et rougissant comme un nouveau-né).

Avant le début de votre présentation, prenez 5 minutes pour noter sur une feuille (ou, comme on va le voir en troisième partie, sur un merveilleux logiciel) tout ce qui peut potentiellement mal se passer et troubler votre présentation. Faire cet effort vous apportera un triple bénéfice :

- l'effet de surprise sera quasi nul puisque vous y aviez déjà pensé, donc…
- … votre réaction sera plus calme et plus mesurée, d'autant plus que…
- … vous aurez déjà préparé cette réaction.

En fonction de l'endroit d'où vous présentez, et où vous êtes donc arrivé en avance pour, notamment, faire cet exercice, imaginez les catastrophes possibles : perceuse à percussion qui se met en marche, irruption de protestataires dans la salle, panne de micro, vous trébuchez sur scène…

Projetez-vous dans ces situations et anticipez votre façon de réagir. Il n'y a pas, bien entendu, de réaction appropriée universelle. Tout dépend de vous, de votre public, de votre environnement immédiat. Prenez le temps, par exemple, de préparer dans votre tête une ou deux de ces blagues spontanées qui suscitent le rire et l'adhésion du public. Bon, elles ne seront plus spontanées, mais vous serez bien le seul à le savoir, après tout.

De la même manière, anticipez les questions embarrassantes, ou du moins celles qui pourraient vous poser problème, et qui pourraient vous être posées à la fin (voire même pendant) la présentation. En attendant, notez sur une feuille les éléments de réponse qui seront nécessaires. Gardez cette feuille avec vous, éventuellement faites-en une note cartonnée simplifiée (un seul mot-clé, mnémotechnique s'il le faut) que vous ajouterez à la fin de votre carnet de notes pour l'oral. Au moment des questions, posez-la devant vous sur le pupitre si vous ne l'avez pas mémorisée, et lorsque la question embarrassante vous est posée, souvenez-vous : marquez une pause de quelques secondes, prenez calmement votre inspiration, jetez en même temps un œil à votre mot-clé, et répondez en toute sérénité. Vous aurez ainsi montré à votre interlocuteur que vous vous êtes réservé un temps de réflexion (minime certes) pour lui répondre, et que donc sa question était pertinente. En lui répondant calmement grâce à votre travail préparatoire d'anticipation et votre inspiration profonde avant de commencer à parler, vous ferez un job parfait.

Si, enfin, vous avez à faire une présentation à dominante visuelle, et au cas où votre PC plante, préparez deux éléments de secours :

– une bonne blague pour détendre l'atmosphère et dédramatiser, en montrant que vous restez maître de la situation ;
– un tableau blanc ou un *paperboard* avec quelques feutres multicolores, que vous aurez rangé dans un coin de la scène.

Au cas où vous ne puissiez plus afficher vos slides à l'écran, plutôt que de faire appel à un technicien qui interrompra nécessairement votre présentation, ou d'essayer de montrer à 200 personnes en même temps l'image affichée sur votre écran 13 pouces, assumez de prendre les choses en main. Placez le tableau blanc ou le *paperboard* au milieu de la scène, et, comme vous avez en tête votre présentation grâce à vos petites fiches ou vos slides imprimées, rien ne vous empêche de représenter vous-même ce que vous vouliez leur montrer.

En outre, il est à parier que ce faisant, votre présentation retrouvera une spontanéité et une qualité pédagogique qu'aucun PowerPoint n'atteindra jamais !

## Utilisez l'effet de récence

L'effet de récence est un autre biais cognitif observé chez les humains. C'est ce biais qui fait que l'on mémorise plus facilement les derniers éléments d'une liste plutôt que le début ou la fin. Il serait dû à l'intervention de la mémoire à court terme, qui aurait la charge de mémoriser ces derniers éléments quand la mémoire à long terme se focaliserait plus sur les premiers éléments. Comment tourner ce biais à votre avantage ? En considérant votre PowerPoint comme une liste de slides.

L'objectif ici, vous vous en souvenez, n'est pas de vous donner les clés pour écraser votre audience par votre maîtrise technique de PowerPoint, ni par votre talent d'orateur hors pair, mais de vous aider à faire en sorte que vos présentations se passent mieux afin que vos messages soient compris et mémorisés par votre public. Sinon, à quoi bon ?

Utiliser le biais cognitif de l'effet de récence vient précisément répondre à cet objectif. Concrètement, il vous suffit de prendre l'habitude de faire quelque chose qui se fait trop rarement lors des présentations : une slide de conclusion. Pas une slide de salutations polies type « Merci de votre attention », mais une vraie slide de conclusion, qui reprenne les principales idées que vous venez de présenter et que vous tenez à voir mémorisées par votre public (en fait, celles que vous avez notées sur votre feuille blanche du chapitre précédent).

Loin d'être redondante, cette slide habilement présentée remettra dans la mémoire immédiate de votre public l'ensemble des informations prioritaires (conclusions d'études, éléments clés…) que vous leur avez présentées. Par contre, rendez-la intéressante et stratégique, évitez de soupirer en annonçant qu'il ne reste plus que celle-ci avant la fin…

En quittant la salle, ces informations clés auront une chance supplémentaire de faire leur chemin au milieu des têtes bien remplies de votre auditoire, plutôt que d'avoir été égarées au fur et à mesure de la présentation.

## Un conseil

Pour vous assurer que votre audience ne reparte pas les neurones vides, outre la slide de conclusion que vous aurez créée, rien ne vous empêche de distribuer ou de faire distribuer à la sortie de votre intervention un document (d'une page seulement, c'est préférable), synthétisant ces conclusions et indiquant, le cas échéant, vos coordonnées pour d'éventuelles questions supplémentaires (si toutefois vous n'étiez pas chargés, donc, d'animer le Congrès Annuel du 4e et du 5e âge).

En quelque sorte, avec cette mini note de synthèse distribuée à la fin de votre présentation, vous permettez à votre public de repartir avec un doggy bag cognitif sous le bras. Si, en outre, cette intervention revêtait pour vous une importance d'ordre commercial, c'est l'occasion ou jamais d'y répéter vos coordonnées, celles de votre site web ou de votre produit.

### + L'avis de l'expert

**Guy Topiol, agence DavyTopiol**

« Puisque l'objectif d'une présentation est, entre autres, que votre public retienne les informations que vous lui avez présentées, il faut s'assurer que votre présentation le permette. Pour cela, nous avons mis en place un système de pré-tests et de post-tests de nos présentations, sur une personne ou sur un échantillon représentatif du public cible anticipé. À votre échelle personnelle, vous pouvez par exemple prendre quelques minutes pour tester votre présentation devant un collègue de bureau, ou un proche, et lui demander à l'issue si elle/il a bien assimilé les points clefs que vous lui avez présentés. »

## Apprenez des meilleurs

Une très efficace manière d'apprendre pour l'homme a, de tout temps, toujours été le mimétisme. Au départ confiné à la cellule familiale ou tribale, le mimétisme limitait donc ses formidables possibilités du fait même du faible nombre de mimes disponibles. De plus, l'espérance de vie des meilleurs d'entre eux n'atteignait guère que le cinquième de celle de nos aïeux actuels. Plus tard, bien plus tard, l'ORTF puis France Télévision vous ont permis de voir d'autres sources vivantes d'inspiration, venus du monde entier.

Aujourd'hui, c'est encore mieux. Non seulement les images ne sont plus en noir et blanc, mais en plus, vous pouvez retrouver vos héros charismatiques – et sources d'inspiration – partout et tout le temps. Internet vous offre en effet une mine de vidéos de conférences, d'astuces, d'exemples et de contre-exemple tellement vaste qu'il serait totalement vain de vous les lister ici. Ce qui compte, c'est que vous notiez dans un coin de votre tête qu'en un clic, vous pouvez visionner des centaines, des milliers d'heures de conférences en ligne. Les plus grands orateurs modernes comme les plus talentueux anonymes se côtoient (certes, on retrouve plus facilement Steve Jobs que les autres), et des centaines de consultants se mettent en scène et se coupent en quatre devant leur webcam pour vous donner leurs meilleurs trucs et astuces d'orateur.

Si vous n'aimez pas traîner des heures sur YouTube, observez alors nos politiques. Certains et certaines sont, bien sûr, de médiocres tribuns. Mais dans l'ensemble, ils maîtrisent tous plus ou moins l'exercice de la prise de parole en public. Georges W. Bush, Nicolas Sarkozy, Barack Obama (et mille autres encore) ont tous au moins une fois été confrontés à une situation inattendue, cocasse ou non, pendant un discours ou une conférence de presse. Leur réaction a ceci d'intéressant qu'indépendamment de toute préférence politique envers l'un ou l'autre de ces orateurs, ils ont à chaque fois su mobiliser instantanément l'humour pour retourner à leur avantage la situation. Bush tentant d'ouvrir une fausse porte qui était en fait un élément de décor, Obama confronté à une mouche particulièrement énervante, Sarkozy embarrassé par une question pointue d'un journaliste à laquelle il n'a tout simplement pas de réponse…

Allez jeter un œil à ces vidéos, naviguez dans les vidéos correspondantes pour en trouver d'autres, vous verrez à chaque fois à quelle vitesse ces hommes ont pu s'adapter. C'est en fait que chez eux, grâce à leur grande pratique de la chose médiatique, ce genre d'événement est totalement anodin et ils réagissent comme vous le feriez dans la vie de tous les jours : tout à fait bien, avec humour même souvent.

Vous en êtes parfaitement capables : la seule chose qui vous en empêche est le stress généré par le manque d'habitude de la prise de parole en public.

### Un conseil

L'humour est une arme redoutable à l'oral. Bien utilisé, il déclenche immanquablement la sympathie de votre public. D'ailleurs, n'hésitez pas à en user très régulièrement au cours de votre présentation, surtout si celle-ci est plutôt longue. C'est beaucoup moins difficile que vous ne l'imaginez, d'autant plus si votre sujet d'intervention est tout ce qu'il y a de sérieux. Dans ce cas, la moindre digression un peu inattendue ou un peu décalée par rapport au contenu aura un potentiel comique décuplé. Une astuce pour générer facilement et sans effort ce genre d'humour est la «règle de trois» en conférence, qui prend la forme d'une liste:

– annoncez un élément sérieux / factuel / une explication à un problème soulevé l'instant d'avant;

– dans la même veine, annoncez-en un deuxième, suite logique du premier;

– au dernier, prenez tout le monde à contre-pied avec quelque chose qui n'a aucun rapport.

La dynamique logique que vous enclenchez avec les deux premiers éléments, et que vous venez détruire volontairement juste après, est en général un bon moyen de faire rire à peu de frais.

Un exemple parmi des millions d'autres possibles:

*Pour optimiser la productivité de l'entreprise, il est nécessaire:*

*– d'alléger le nombre de réunions inutiles pour consacrer plus de temps aux réunions importantes;*

*– d'envisager une remise à plat du système de rémunération;*

*– de cesser de perdre du temps à m'écouter parler.*

Enfin, ne vous empêchez pas de faire appel à un coach, certains sont excellents et peuvent réellement vous faire progresser. Bien entendu, certains n'ont de coach que le nom et ne feront que vous filmer en train de simuler une prise de parole en public. N'hésitez pas à demander conseil autour de vous, voire à aller parler à un bon orateur que vous venez d'écouter, histoire de lui soutirer quelques informations sur la façon dont il a acquis ses compétences.

# À retenir

- **Vous devez stimuler l'intérêt et la curiosité.** Les agendas sont remplis, aujourd'hui, de présentations et de réunions PowerPoint. Partez du principe que votre public a besoin d'être motivé pour venir à la vôtre. Adoptez leur langage, et annoncez le bénéfice qu'ils pourront retirer de votre intervention.
- **Ne regardez jamais l'écran!** C'est la pire chose à faire, et cela vous ôte toute crédibilité. Pour cela, répétez, et répétez encore. Votre public est votre unique priorité: regardez-le tout le temps. Pour cela, placez votre ordinateur de contrôle devant vous face à la salle, et faites défiler les slides au moyen d'une télécommande.
- **Souriez!** Vous êtes le premier support de vos messages, pas votre PowerPoint. Si vous voulez que votre message ait un impact, donnez-lui vie. Utilisez votre corps, vos mains, vos yeux pour le mettre en scène. Modulez votre voix, et parlez lentement et clairement. Usez souvent de courts silences pour mettre en valeur ce que vous venez de dire, ou allez dire. Cela laisse aussi le temps à votre public d'enregistrer vos informations.
- **Soyez persuasif.** Souvenez-vous que votre audience possède un langage, un habitus, des références qui lui sont propres; utilisez-les pour rendre votre argumentation immédiatement accessible. Pour donner un écho à vos messages, faites appel au biais de confirmation, que vous utiliserez cette fois à votre avantage.
- **Anticipez tous les problèmes qui pourraient surgir pendant votre présentation.** S'ils surgissent, vous serez moins surpris et aurez prévu la bonne réaction, vous assurant ainsi une aura incomparable sur l'audience. Ayez toujours à portée de main un tableau blanc et des feutres en cas de panne informatique. Préparez les questions embarrassantes qui pourraient vous être posées.
- **Utilisez à votre avantage l'effet de récence.** Préparez à la fin de votre présentation une slide récapitulative qui reprend les points clés que vous souhaitez voir retenus par votre public. Éventuellement, distribuez ces points clés sous la forme d'une mini note de synthèse à la fin de votre intervention.
- **Observez et apprenez des meilleurs.** Internet vous offre des milliers d'heures de conférence d'orateurs tous meilleurs les uns que les autres. Notez leurs «trucs», apprenez de leurs postures, gestuelles, humour… ils sont humains: vous aussi vous pouvez le faire!

Partie 3

# Réfléchir mieux, présenter mieux

# Sommaire

Chapitre 7

# Les vertus de l'innovation

## L'injonction paradoxale de la créativité

Dans une industrie principalement tertiaire, la matière première n'est plus le charbon, l'acier ou le pétrole, mais vos neurones. Les métiers du conseil en sont l'illustration : aujourd'hui on trouverait presque plus de consultants que de personnes à conseiller…

Et comme toute matière première, l'important est d'en trouver un gisement, un filon, et de l'exploiter. C'est à cette fin que se tiennent les innombrables séminaires, congrès, formations et accompagnements divers en créativité. Leur propos est généralement de vous donner les clés de la libération de votre créativité, comme l'eau qui tombe sur le Sahara fait soudain surgir du sol des millions des fleurs.

Le principal problème, c'est que si l'on vous demande, un matin, d'être créatif, vous aurez bien du mal à l'être. « Sois créatif ! » possède à peu près autant d'efficacité que « Sois naturel ! » : c'est en effet une injonction paradoxale.

### À savoir

**En psychologie cognitive, il est admis que l'injonction paradoxale, connue aussi sous le nom de « double contrainte » ou *double bind,* favorise une situation de blocage (de la communication, de la réflexion, de l'action). En obligeant, implicitement ou explicitement, l'individu à choisir entre deux options qui se contredisent et s'annulent mutuellement, l'injonction paradoxale crée une situation de blocage indépassable. L'exemple le plus connu est l'injonction « soyez spontané ! » : si vous obéissez à cet ordre, vous n'êtes plus spontané… Pour sortir de cette situation de blocage, une des voies reconnues comme efficace est de mettre en lumière l'absurde de l'injonction, autrement dit, aider l'individu non pas à résoudre l'insoluble, mais à prendre conscience de l'absurde de la situation. En sortant totalement de la cage cognitive de la double contrainte, en changeant d'échelle ou de logique de réflexion, l'absurdité de l'injonction disparaît. Effectuer un travail créatif sous PowerPoint relève de l'injonction paradoxale, puisque vous essaierez d'être créatif avec un outil qui, précisément, vous en empêche.**

La créativité, c'est-à-dire, de manière concise, la capacité à faire surgir des idées nouvelles, fait appel à des mécanismes cognitifs complexes auxquels, bien souvent, vous n'avez pas consciemment accès. Vos idées, vos illuminations, proviennent d'un endroit enfoui au plus profond de votre conscience, et vous n'avez pas accès à leur processus de création. Sinon, vous ne vous retrouveriez jamais, par définition, en panne de solutions ou d'idées.

## Favorisez votre créativité

La seule chose qui soit sûre à propos de la créativité, c'est que celle-ci ne supporte pas qu'on lui impose des frontières, des limites, des contraintes. Pour s'exprimer, elle a précisément besoin de liberté, d'espace.

Vous pouvez vous accorder concrètement cette liberté en allant, par exemple, réfléchir dans un endroit désert et calme plutôt que dans votre *open space* saturé de collègues et de bruit. Le fait d'avoir besoin de calme pour réfléchir est l'illustration même de cet impérieux besoin de liberté qu'a votre cerveau pour être créatif et efficace.

Vous pouvez aussi vous ménager un espace de liberté de manière cognitive. Ainsi, bien souvent, votre premier réflexe (et c'est une bonne chose !) face à un problème complexe est de saisir une feuille blanche et un stylo. L'espace et la liberté qu'offre une feuille blanche sont une véritable bouffée d'oxygène pour vos neurones fatigués d'être, tous les jours, enfermés dans des modes de pensée et des modes d'action qui vous sont imposés par votre profession et votre éducation.

Or, comme on l'a vu, PowerPoint constitue une cage cognitive d'une rare efficacité. Par son ensemble de contraintes de représentation des idées, sa structure séquentielle et ses incitations aux raccourcis les moins signifiants, PowerPoint vous offre ainsi le pire espace de réflexion possible. Réfléchir sur PowerPoint, c'est comme s'installer pour écrire dans une petite pièce sombre, bruyante et mal aérée, armé d'un stylo qui ne marche pas.

Tout le problème vient de ce qu'aujourd'hui, nombre d'agences conseil se vantent d'être les plus créatives du marché alors même que leur principal, si ce n'est unique outil de travail, est précisément PowerPoint. Du début du processus de réflexion jusqu'à la production du livrable au client, bien souvent les consultants impliqués ne travaillent que sur PowerPoint, pour la facilité, l'impression de confort et les gains de temps virtuels que l'on a déjà évoqués en première partie. Dans ces agences, PowerPoint constitue le document de référence : le mode de réflexion, et donc la créativité qui en découle, sont par conséquent tous au format «.ppt»...

### Mémoire et créativité

En outre, un dernier point important concernant la créativité mérite votre attention. La production d'idées nouvelles ne s'appuie pas sur une sorte de big bang cérébral : l'Eurêka ne provient pas du vide (même quantique). Moins votre cerveau est riche d'informations, de connaissances et d'idées nouvelles, moins vous serez créatif. L'innovation se sert des informations initialement stockées dans le cerveau pour en produire de nouvelles. Votre cortex mélange, fusionne, mixe, compare, déduit et induit tout ce que vous avez appris, vu et entendu pour produire le carburant final de votre créativité. Ce qui implique que plus vous mémorisez les informations qui vous sont présentées, meilleures seront vos chances de disposer d'un capital de créativité important.

Or, qu'avons-nous vu ? Que PowerPoint mal utilisé ne favorise aucunement la mémorisation. Les biais cognitifs, le caractère non narratif et la pauvreté sémantique d'une présentation PowerPoint ne favorisent ni la compréhension ni la mémorisation. Autrement dit, si vous comptez bâtir votre créativité sur un écosystème articulé autour de PowerPoint, vous ne vous rendez vraiment pas service.

## Le paradoxe du mode projet

Le mode projet (ou structure matricielle, c'est selon) suppose, on l'a vu, de réunir en permanence des compétences afin d'aboutir à un résultat, fixé par avance et à un coût déterminé. L'exigence de la rentabilité oblige par ailleurs à chercher en permanence des économies de temps, puisque le temps c'est de l'argent, et que la matière première de l'entreprise tertiaire, c'est vos neurones – donc votre temps.

L'entreprise tertiaire est en effet composée d'une multitude d'entités productives – vous, entre autres. Pour que l'ensemble fonctionne harmonieusement, il faut que toutes ces entités soient connectées en réseau, comme vos ordinateurs. Comme vous ne pouvez pas encore être « branché » directement au serveur central de votre entreprise par une sorte de bio-câble USB, l'ersatz développé par le Management s'appelle la réunion. Il y a des réunions pour tout : points d'étapes avec le client, réunions en interne avec les différentes équipes impliquées, réunions de cadrage avec les N + 1, réunions de fonctionnement, de brainstorming, de présentations commerciales, de formations continue…

Aujourd'hui, le temps passé en réunion constitue, avec les e-mails, l'un des sujets brûlants du management concernant la perte de productivité en entreprise. On estime que le temps passé chaque semaine en réunion atteint près de 5 à 6 heures, et 70 % de ce temps est jugé improductif par les participants, selon une enquête Microsoft réalisée en 2008. Sans compter le temps perdu à fixer une date et une heure qui conviennent à toutes les personnes impliquées… Le mode projet, afin de permettre aux compétences de se croiser, vampirise en réalité une partie importante (trop importante ?) du temps disponible des participants afin, simplement, qu'ils se réunissent. Le fait de se réunir est devenu en soi une activité à part entière : « il est en réunion »… Combien de fois avez-vous entendu cette phrase ?

Et comme PowerPoint agrémente une part importante de ces réunions, avec les effets que l'on sait sur l'interaction et la communication des participants entre eux, sans compter l'impact des biais cognitifs sur leur engagement et leur mémorisation, il n'est pas surprenant de retrouver ces 70 % de participants considérant leurs réunions comme étant improductives.

En outre, cela crée un cercle vicieux. Moins les réunions sont productives, plus on va avoir tendance à en programmer d'autres pour compenser. Et c'est ainsi que l'on tombe dans le travers déjà évoqué de la réunionite. Pourtant, chaque réunion efficace pourrait en éviter deux par la suite…

**Checklist pour une réunion efficace**

– N'organisez une réunion que si l'objectif en est clair, précis et utile. Si nécessaire, demandez à chacun un travail préalable à apporter en réunion en rapport avec cet objectif (préparation, recherches d'informations, idées…)

– N'organisez une réunion que si c'est le meilleur moyen d'atteindre cet objectif. L'envoi d'une note de synthèse, un coup de fil ou un rapide entretien individuel avec chacun des participants ne pouvaient-ils pas faire l'affaire ?

– Ne réunissez que les gens réellement concernés par le thème et l'objectif. Il ne sert à rien de convoquer votre responsable pour lui montrer que vous travaillez bien, ni votre stagiaire ou le petit nouveau pour affirmer votre autorité. Seule la compétence doit compter. Indiquez, avant la réunion, l'objectif, les participants et la durée prévue, par un e-mail ou directement dans l'agenda commun. Prévoyez 1 heure maximum : au-delà, l'attention se dissipe facilement.

– Demandez à ce que la réunion ne soit pas interrompue et mettez tous les téléphones sur le mode « avion ». On sait bien que le mode « silencieux » permet encore d'aller lire ses e-mails…

## Un outil bien pratique : votre cerveau

Finalement, entre PowerPoint qui vous est imposé et les réunions inutiles dont on remplit votre agenda, il ne reste pas beaucoup d'occasion de réfléchir…

L'organisation moderne du travail tertiaire, et particulièrement sa déclinaison matricielle, vous fait perdre progressivement l'usage du meilleur de tous les outils : votre cerveau. C'est, peut-être, ce qui explique ce vide d'intelligence ressenti lorsqu'on quitte l'université ou l'école et qu'on entre dans la vie active. Vous avez tous entendu au moins une fois (ou peut-être ressenti vous-même) quelqu'un se plaindre de cette impression d'aliénation intellectuelle après la fin de ses études.

## La loi de Conway

Les ingénieurs qui ont conçu les multiples versions successives de PowerPoint ont, selon la loi de Conway, implémenté dans leur création informatique le reflet de leur propre organisation. Selon Conway en effet, toute organisation qui conçoit des systèmes (idées, produits, logiciels...) y inclut le mode d'organisation de la communication qui a cours en son sein : en un mot, elle conçoit des produits à son image. Par exemple, les produits conçus par Google ont tous quelque chose de commun, ce quelque chose qui, précisément, a fait le succès de l'entreprise. Dans chacune de leurs innovations, on pourrait retrouver un trait commun à la façon dont l'entreprise elle-même se conçoit et fonctionne, comme les enfants héritent de certains traits de caractère de leurs parents. Pour reprendre l'exemple de la sonde Mars Climate Orbiter, cette dernière s'est écrasée sur la planète rouge parce que l'équipe qui a conçu la sonde y a intégré ses propres référentiels de mesure, sans considération de ceux utilisés par la NASA. Elle utilisait en interne le système anglais de mesure, donc elle l'a appliqué à sa sonde.

## L'impact cognitif de PowerPoint

Il est intéressant de réaliser ici que, suivant la loi de Conway, des millions de gens sont, tous les jours, aux prises avec la logique fonctionnelle de PowerPoint, logique tout droit issue de la culture des ingénieurs informaticiens américains. À la longue, comme les chaussures se font aux pieds, il est inévitable que la logique PowerPoint ait un impact sur le mode cognitif de ses utilisateurs. Or, ces derniers ne sont pas tous ingénieurs informaticiens et n'ont pas, tous les jours, des problèmes purement techniques à résoudre: combien de cabinets de conseil en communication, en ressources humaines ou d'instituts d'études en sciences humaines travaillent exclusivement sur PowerPoint? Quelle pertinence, alors, peut-on accorder à leur façon de traiter leurs problématiques humaines si c'est majoritairement selon un angle «.ppt[1]» qu'elles ont été envisagées?

Le cerveau, on le sait maintenant, possède la faculté de recréer en permanence des connexions entre ses neurones. L'apprentissage est continu, tout au long de la vie: les choses ne sont pas fixées une fois pour toutes à la naissance! Certes, cet apprentissage est plus facile lorsqu'on est jeune parce que le cerveau est alors en pleine période d'intense activité: sa plasticité cérébrale est maximale. À l'image d'un muscle, il est alors très entraîné, au mieux de sa forme et de sa souplesse. Jusqu'à très récemment, on pensait qu'avec l'âge, cette plasticité diminuait jusqu'à devenir presque nulle. Or, il n'en est rien: il n'y a réellement pas d'âge pour apprendre! N'ayez donc aucune appréhension à aller vous frotter à d'autres logiciels de présentation, comme ceux que l'on verra après: cela ne pourra faire que du bien à votre plasticité cérébrale!

## À savoir

**Apprendre est excellent pour le cerveau. Mais cela implique, justement, d'apprendre... autrement dit, de se confronter à des situations, des contraintes, des activités qui soient nouvelles. Apprendre une langue étrangère, pratiquer un nouveau sport ou utiliser un nouvel outil sont ainsi un excellent moyen de contraindre le cerveau à recréer de nouvelles connexions entre les neurones! Des chercheurs ont même démontré que modifier de temps en temps son itinéraire maison/travail était bénéfique pour le cerveau. Le pire ennemi de vos neurones, et donc de votre créativité, c'est la routine. Apportez à votre cerveau l'oxygène dont il a besoin, nourrissez-le de nouveautés autant que possible: jusqu'à présent, aucun cerveau n'a jamais «planté» pour cause de saturation du disque dur...**

1. L'extension «.ppt» désigne le format des fichiers crées par PowerPoint.

## Deux hémisphères largement sous-exploités

Avec sa logique séquentielle et son amour immodéré de la liste, PowerPoint ne sollicite en fait qu'une infime partie de votre cerveau, qui, lui, ne raisonne pas uniquement sur un mode séquentiel ou au moyen de listes, mais utilise aussi des modes inductifs, déductifs, des raisonnements par association, l'intuition, l'instinct...

Avec PowerPoint, c'est votre cerveau qui est sous-employé, parce que vous le contraignez à ne fonctionner que dans les limites cognitives imposées par le logiciel, qui stérilisent toute possibilité de changement de cadre, toute velléité d'innovation.

Or la nouveauté et l'innovation constituent la valeur ajoutée de l'industrie tertiaire; c'est du moins ce qu'elle s'attache à vendre à ses clients. En vendant de l'innovation avec et par PowerPoint, c'est comme si l'entreprise était incapable, en fait, de s'appliquer à elle-même les conseils qu'elle vend à d'autres...

Sans entrer dans les débats de spécialistes en neurosciences sur le rôle des hémisphères du cerveau, il semble communément admis aujourd'hui que notre cortex a en quelque sorte réparti ses compétences entre l'hémisphère gauche et l'hémisphère droit. Il semble que cette répartition ne soit pas exclusive et étanche, mais plutôt que chaque hémisphère s'active un peu plus que l'autre pour certaines des tâches qui lui sont confiées: logique, reconnaissance faciale, langage, calcul... Schématiquement, la recherche nous apprend que la majorité de la population est à dominante «hémisphère gauche», siège semble-t-il de la rationalité, du calcul, de la logique. Ce qui pourrait expliquer que la scolarité soit elle-même construite sur une base séquentielle (avancées progressives, par étapes, dans les programmes) et rationnelle (souvenez-vous, en mathématiques, des cours commençant par «on admet que...»). Ce qui pourrait expliquer également que PowerPoint, par conséquent, ait tout naturellement trouvé sa place dans les salles de classe.

D'une certaine manière, on pourrait avancer que PowerPoint mobilise principalement l'hémisphère gauche du cerveau. Certes, les petits amusements graphiques qu'il offre doivent solliciter également l'hémisphère droit, plus tourné vers les émotions et la créativité, mais tout ceci au sein d'un cadre cognitif majoritairement hémisphère gauche. Schématiquement, chaque fois que vous allumez PowerPoint, vous éteignez votre hémisphère droit : vous vous privez d'office de la moitié de vos capacités cérébrales !

## Prezi et Mind Mapping : rafraîchissez-vous le neurone !

Prezi et le *mind mapping* sont deux outils de travail à même de compenser les faiblesses identifiées de PowerPoint. Nous les avons sélectionnés car ces logiciels :

- vous permettront d'activer réellement vos capacités cognitives mises en sommeil par PowerPoint ;
- vous replaceront au centre de vos présentations, et non en périphérie ;
- favoriseront la compréhension et la mémorisation de votre public
- vous aideront à travailler mieux, plus vite et de manière plus pertinente.

Ces outils n'ont rien de magique : ils ont simplement, dès le départ, été conçus pour libérer votre cerveau des cages dans lesquelles PowerPoint et le mode projet l'avaient enfermé. Ils sont à votre disposition sur Internet en version gratuite et payante (avec plus d'options). Ils coûtent nettement moins cher que la suite Microsoft Office et sont utilisés à travers le monde par les personnes les plus innovantes de ces dernières années, à l'œuvre chez Google, chez Twitter, Facebook…

## Présentation

### Prezi

Logiciel de présentation, il offre la possibilité de réaliser de véritables présentations, c'est-à-dire des présentations qui ne vous relèguent pas à un rôle accessoire, ni ne soient truffées de biais cognitifs, mais bien au contraire des présentations qui vous poussent à donner le meilleur de vous-même et de votre argumentation.

### MindNode

Logiciel de *mind mapping*, c'est-à-dire littéralement un logiciel qui vous permet de représenter vos idées et vos pensées sur une carte. Connu également sous le nom de «cartes heuristiques», le principe du *mind mapping* offre d'immenses avantages, que ce soit pour votre réflexion personnelle, l'animation de réunions, la conduite de projets…

## En quoi sont-ils liés ?

Techniquement, en rien. Ce ne sont pas les mêmes entreprises qui les ont conçus ; l'un (Prezi) est tout récent (2009) tandis que l'autre se base sur un principe connu depuis une bonne vingtaine d'années (c'est l'interface MindNode qui, par contre, est toute récente).

Sur le plan cognitif, nous les avons rapprochés car ils se fondent, vous le verrez, sur une logique très proche. On pourrait même dire que MindNode est l'outil de préparation idéal de votre présentation Prezi.

Enfin, sur le plan de l'ergonomie, ils sont tous deux extrêmement simples et intuitifs. Quand un outil ne provoque pas la publication de milliers d'ouvrages sur sa prise en main (plus de 5 000 références liées à PowerPoint sur le site d'Amazon…), c'est qu'il est tout simplement bien conçu.

## Un conseil

Sachez néanmoins qu'il existe d'autres logiciels de ce type :

– Sozi, qui ressemble à Prezi ;

– FreeMind et Freeplane, qui sont d'autres solutions de *mind mapping* ;

– Bubbl.us, alternative ludique au mind mapping mais qui en conserve l'esprit.

Et bien d'autres encore existants ou à venir…

Dans les pages suivantes, Prezi sera par conséquent considéré exclusivement comme un outil de présentation, tandis que MindNode héritera principalement du rôle de préparation et de réflexion stratégique préalable à la présentation.

Nous vous présentons ici uniquement Prezi et MindNode car ils ont l'avantage d'être à la fois visuellement confortables et simples à prendre en main. Or, lorsque vous devez apprendre à utiliser un logiciel, la première impression doit être la bonne : si vous y prenez du plaisir parce que votre compréhension de son fonctionnement est intuitive, alors vous garderez la motivation et l'envie d'apprendre pour les 15 minutes qui suivent…

En outre, lorsque vous prenez plaisir à travailler, par exemple parce que vous avez en main des outils plus intelligents, votre travail, justement, en est le premier bénéficiaire. Votre processus de réflexion sera rafraîchi, la motivation que vous aurez pu mobiliser vous aura apporté plus d'idées, plus d'enthousiasme : en un mot, vous serez plus performant. C'est pourquoi nous tenons à ce que vous essayiez, au moins quelques minutes, ces deux logiciels. En plus, vous pouvez essayer la version gratuite avant de l'acheter.

## › De vraies alternatives

Ce n'est pas par plaisir de contrer PowerPoint que nous vous les présentons, même s'il faut reconnaître que ce n'est jamais désagréable de chatouiller Microsoft ; c'est pour vous permettre, au final, de pouvoir faire votre choix. Rappelez-vous : « lorsqu'on n'a pas le choix de l'outil, qui de la main ou de l'outil utilise qui ? ».

C'est d'autant plus pertinent lorsque c'est toute votre activité professionnelle qui peut s'en trouver améliorée. Ainsi, parce que Prezi et MindNode peuvent être utilisés en mode collaboratif, ils sont plus que conseillés lorsque vous êtes en mode « projet ».

Prezi est un outil conçu pour un usage 100 % web, mais vous pouvez aussi travailler hors ligne avec la version payante, ce qui se justifie lorsque vous êtes en déplacement. MindNode propose, dans sa version « pro » (payante) une option automatique de partage de vos *mind maps* (cartes heuristiques). En utilisant l'application Dropbox (un logiciel simplissime de partage de données), vos collaborateurs peuvent modifier vos cartes en fonction de leur rôle dans le projet. Nous verrons en détail plus loin comment faire. Une fois que vous serez à l'aise avec ces deux logiciels, n'hésitez pas à en parler à vos collaborateurs impliqués sur le projet : ces logiciels peuvent devenir de véritables alliés au sein de votre équipe.

## › Une saine fraîcheur

Enfin, comme on l'a vu, n'oubliez pas que combattre la routine en vous obligeant à vous confronter à la nouveauté est excellent pour votre cerveau. La nouveauté recrée des connexions entre vos neurones, elle « remuscle » votre cortex qui, sinon, s'enfonce dans la routine, à un régime de croisière économe en énergie… et en intelligence. Votre cerveau contient plus de neurones qu'il y a d'étoiles dans l'univers : donnez-lui autre chose à se mettre sous la dent qu'une séquence de 20 slides ! Vous verrez, il s'en portera bien mieux.

## Des outils très intuitifs

Vous n'avez que très peu de temps libre. Vous avez passé des centaines d'heures sur PowerPoint, et la dernière chose que vous avez envie de faire est de devoir perdre du temps à réapprendre comment fonctionnent de nouveaux outils. Soyez rassuré : si vous lisez ces lignes jusqu'au bout, vous aurez compris leur logique et, grâce à leur prise en main extrêmement intuitive, votre phase d'apprentissage ne devrait pas dépasser les 15 minutes.

En outre, une fois que vous aurez adopté le *mind mapping*, vous pourrez l'utiliser dans votre vie de tous les jours : c'est, véritablement, un outil extrêmement pratique et intelligent. Préparer vos vacances, préparer un entretien téléphonique, réfléchir à votre carrière, prendre des notes, représenter votre projet de création d'entreprise... Les 15 minutes que vous passerez à apprendre son fonctionnement ne seront absolument pas perdues, rassurez-vous.

## Les alliés de votre efficacité

Le *mind mapping* est aujourd'hui peu utilisé en entreprise. Pourtant, on l'a vu, le volume d'informations à traiter n'a jamais été aussi important. Les sollicitations – e-mails, téléphones, réseaux sociaux, SMS, etc. – sont permanentes. Le plus difficile aujourd'hui n'est plus d'accéder à l'information, mais de faire le tri pour accéder à la bonne information.

À cette tâche encore, le *mind mapping* peut vous être d'une grande aide par sa formidable capacité à représenter très simplement la complexité, la causalité, les systèmes complexes, les hypothèses...

Quant à Prezi, sa vocation est vraiment de présenter. Vous ne serez pas tenté, comme avec PowerPoint, de commencer à travailler votre présentation sans avoir au préalable réfléchi sur ce que vous avez à dire.

# À retenir

- **Votre valeur ajoutée, c'est votre intelligence et votre créativité.** La croissance de votre entreprise, de votre activité, est basée sur la génération d'idées nouvelles, d'approches neuves, de produits innovants. Celle-ci ne s'épanouit pas dans un cadre cognitif limitant et trop structurant : vos neurones ont besoin d'air pour explorer des voies nouvelles et vous rendre ainsi créatif. En outre, la créativité passe par la mémorisation préalable de grandes quantités d'informations, terreau fertile des nouvelles idées… On ne crée que très rarement à partir de rien. Or, PowerPoint ne facilite pas cette mise en mémoire : souvenez-vous des biais cognitifs.
- **Vous passez beaucoup (trop) de temps en réunions.** Le mode projet, qui se veut plus productif, implique un accroissement inévitable du nombre de réunions. Celles-ci, trop nombreuses et souvent mal menées, sont contre-productives et entraînent la nécessité de nouvelles réunions pour compenser les précédentes. Un cercle vicieux est alors à même d'apparaître, générant toujours plus de réunions : c'est la réunionite. Un fléau que PowerPoint n'est pas en mesure de combattre puisqu'en appauvrissant l'échange et la communication pendant les réunions, il rend ces dernières moins efficaces et les participants sont alors obligés de se réunir à nouveau.
- **Plus vous vous confrontez à des situations nouvelles, plus vous gardez un cerveau alerte et performant.** La plasticité cérébrale, qui est aussi votre valeur ajoutée en entreprise tertiaire (on ne vous paie pas pour vos bras), s'entretient comme un muscle. Sortez autant que possible de vos « zones de confort cognitif » dans lesquelles vos neurones tournent au ralenti, et confrontez-vous régulièrement à de nouveaux outils, de nouvelles situations, de nouvelles personnes…
- **Prendre du plaisir à travailler commence par travailler avec de bons outils.** Donnez une mauvaise voiture à un pilote passionné et il finira dégoûté de sa passion. De même, donnez-vous les bons outils pour votre travail intellectuel. Vous prendrez alors plus de plaisir à réfléchir, et vous travaillerez mécaniquement mieux et plus vite. Le plaisir au travail génère en effet la motivation, la motivation permet la mobilisation accrue des facultés intellectuelles, et celles-ci favorisant la réussite de votre travail, vous y prenez alors du plaisir… Vous enclenchez un cercle vertueux, pour le plus grand bénéfice de vos méninges.

Chapitre 8

# Présenter mieux avec Prezi

## Prezi : la présentation intelligente et rafraîchissante

Mis au point par les Hongrois Adam Somlai Fischer et Peter Halacsy, qui souhaitaient disposer d'une alternative aux ennuyeuses slides PowerPoint ou Keynote, Prezi se définit comme un outil de présentation on line collaboratif, similaire à un tableau blanc infini en longueur, en largeur et en profondeur sur lequel vous êtes libre de dessiner, écrire, importer et ajuster ce que vous voulez.

Adam Somlai était architecte lorsqu'il a commencé à travailler, en 2007, sur un logiciel qui pourrait lui permettre de montrer tout à la fois un plan large, par exemple d'un bâtiment, et de pouvoir zoomer sur un détail précis de ce plan sans avoir à naviguer entre de multiples slides. C'est donc par un professionnel de la représentation visuelle que le logiciel a été conçu, pour montrer, et non pour en mettre plein la vue à son public.

### La question du jour

Cette bouffée d'air frais dans l'univers de la présentation a conduit ainsi près de 2 millions d'utilisateurs à adopter Prezi, dont certains sont plutôt prestigieux : le World Economic Forum, Standford University, Google, Facebook…

Dans le comité de direction de la start-up, on retrouve également Jack Dorsey, co-fondateur de Twitter, et, fait exceptionnel, la très célèbre conférence TED a été un des premiers investisseurs.

Question : selon vous, est-ce un hasard si les entrepreneurs qui aujourd'hui changent le monde utilisent ces nouveaux outils ? Autrement posée : est-ce ces entrepreneurs qui créent ces outils, ou ces outils qui donnent naissance à ces entrepreneurs ?

Prezi permet de disposer en un seul et même espace de tous les éléments de votre présentation. La vue d'ensemble qui en résulte est à l'opposé de la vision hachée et séquentielle que propose PowerPoint. Vous êtes libre de disposer vos données comme bon vous semble. Cette liberté dès le départ laissée à l'utilisateur a donné naissance à des usages très variés du logiciel : présentations bien sûr, mais aussi prise de notes, outil de brainstorming et même *mind mapping* !

C'est une véritable rupture conceptuelle par rapport à un PowerPoint. Avec Prezi, vous quittez le monde confortable des slides qui se suivent et se ressemblent, bureaucratiques et rationnelles, pour entrer dans un univers de présentation où les seules limites à votre présentation sont celles que vous vous imposez. Il n'y a plus de diapositives, plus de numéros de slides, plus de liste à point : les choses ne se rangent plus par tiroirs, catégories et sous-catégories, mais forment un seul et même ensemble. En un sens, Prezi est le cauchemar de la bureaucratie !

Prezi est capable de fonctionner sur à peu près tous les systèmes d'exploitation, et vous permet de retrouver en ligne, où que vous soyez, toutes vos présentations.

Le logiciel se veut intuitif : il ne possède qu'un seul « bouton », sorte de centre de commande de tout le logiciel, avec lequel vous pouvez tout faire. Sa philosophie est simple : moins il y a de perturbations entre votre idée et son expression matérielle sur Prezi, mieux c'est.

Ainsi, Prezi ne vous oblige pas à écrire à un endroit prévu à cet effet : il n'y a même pas de zone de texte ! Vous pouvez écrire où bon vous semble et autant que vous voulez. Or, on a vu que l'outil impose un cadre cognitif et influe votre mode de raisonnement d'une manière plus ou moins marquée. Un des premiers avantages de Prezi est de commencer par vous laisser la liberté de présenter à votre manière. Le rythme, c'est vous qui le décidez. Par conséquent, ce que représente Prezi est peut-être plus qu'un nouvel outil : ce pourrait être une nouvelle façon de présenter et de partager l'information.

## Une saine fraîcheur pour vos neurones

Le principe de fonctionnement de Prezi peut ainsi se résumer à deux étapes on ne peut plus simples :

1. Vous « jetez » tous vos éléments sur le « tableau blanc ».
2. Vous définissez l'ordre de présentation de ces éléments.

Pour être un peu plus explicite, ce qui est intelligent avec Prezi est que le logiciel ne vous conduit pas à vous fourvoyer dans la réalisation de schémas explicatifs douteux, à perdre des heures sur une charte graphique, à vous arracher les cheveux pour faire rentrer un contenu sur une seule slide…

1. La logique de la prise en main est extrêmement intuitive.

Vous définissez d'abord les points clés de votre présentation, comme on l'a vu en deuxième partie, avant même d'allumer votre ordinateur : par exemple, vous voulez expliquer que Prezi est un chouette logiciel, parce qu'il est nouveau et qu'il est intelligent. Cet exemple est ici volontairement simplifié bien entendu, mais c'est simplement pour vous donner une idée de la façon dont fonctionne Prezi. Sur le logiciel, cela donnerait en premier lieu ceci :

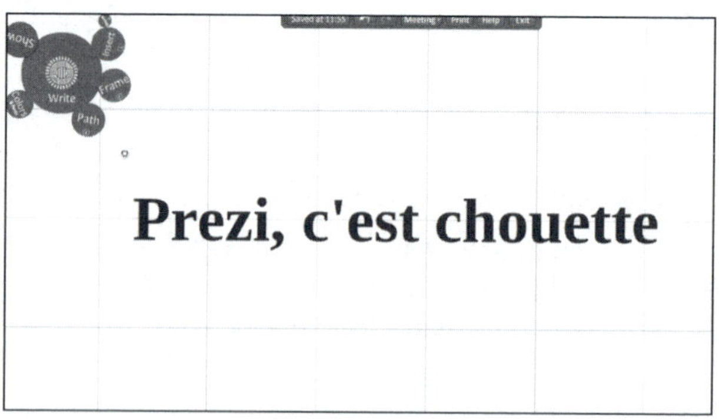


**Figure 8.2** Étape 1 : écrire l'idée

2. Vous jetez ces points clés sur le «tableau blanc» de Prezi: ce sont les piliers de votre présentation (ici: «C'est rafraîchissant» + « Et intelligent»):

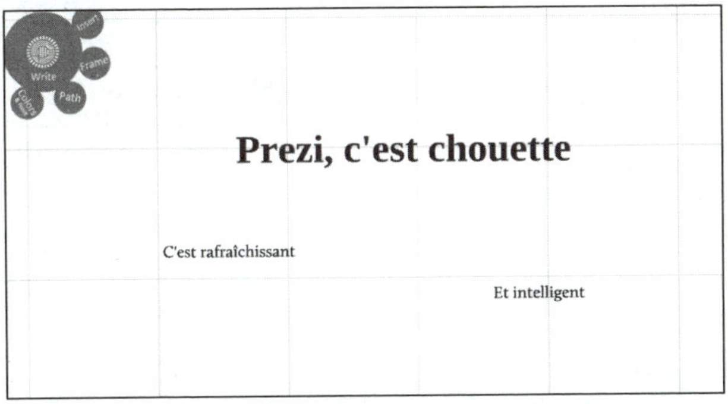


**Figure 8.3** Étape 2: adjoindre les idées correspondantes

3. Autour de ces points clés, si nécessaire, vous rajoutez des éléments explicatifs supplémentaires (ci-dessous: «car non séquentiel» et «Et moins contraignant»):

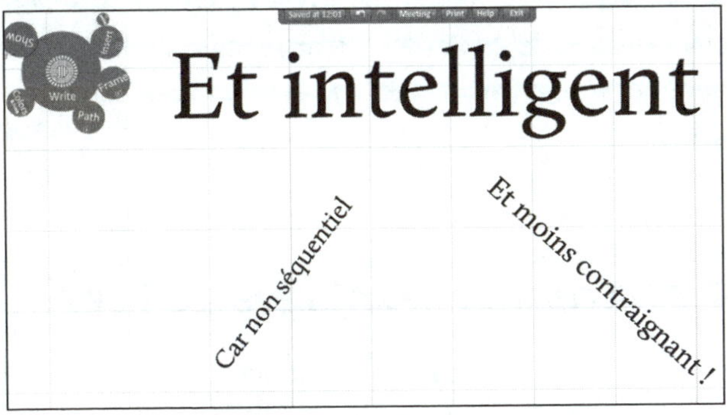


**Figure 8.4** Étape 3: dérouler le «raisonnement»

4. Une fois que c'est fait, vous indiquez au logiciel le tracé (l'ordre d'enchaînement des éléments), en cliquant sur chaque élément dans l'ordre désiré. Prezi représente alors visuellement le cheminement entre

vos éléments, et leur attribue à chacun, juste pour votre information, un numéro.

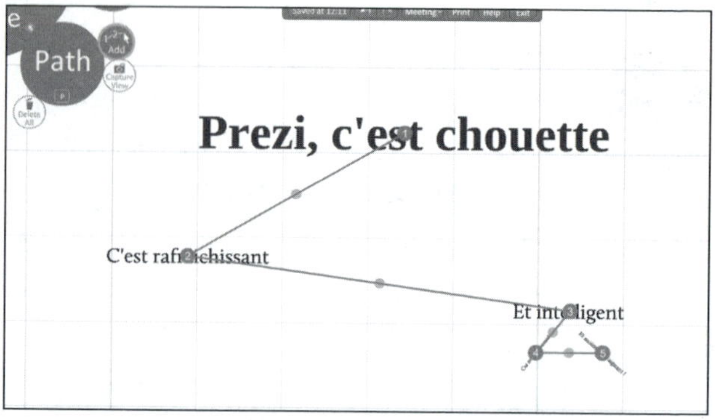


**Figure 8.5** Étape 4 : indiquer l'ordre d'enchaînement des idées

5. C'est terminé !

Que remarquez-vous immédiatement, après tout ce qu'on a vu de négatif concernant PowerPoint ?

Vous avez commencé par vos idées clés, puis vous leur avez attribué un ou deux mots d'explication, et puis c'est tout ! Vous avez donc gardé pour votre discours oral toutes les informations importantes : vous êtes en mesure de recréer une véritable interaction avec votre public, tout simplement !

## Les 7 principaux avantages de Prezi

Pour que vous ayez une idée assez complète des avantages qu'offre Prezi, présentons-les directement.

### Une nouvelle approche de la présentation

Dans un monde dominé par de ternes présentations PowerPoint, Prezi fera de vous un ovni de fraîcheur et de nouveauté. Rien que parce que la façon dont vous présentez vos informations est nouvelle – et que vous êtes meilleur à l'oral grâce aux conseils de la partie 2 –, votre public sera étonné. L'étonnement favorisera sa concentration et donc sa capacité d'écoute et, *in fine*, de compréhension. Votre objectif, transmettre une information, est alors atteint.

## Moins de bureaucratie

Structurez votre présentation, mais sans travers bureaucratique. Prezi n'est pas une porte ouverte au chaos, bien au contraire. La structuration de votre présentation est simplement différente. Elle est, en tous les cas, certainement plus légère, et calquée sur le raisonnement humain. Elle est non séquentielle, holistique, du plus important au plus précis.

## Un présentateur plus engagé

En présentant votre Prezi, le public n'est pas tenté de lire vos listes à points puisqu'il n'y en a plus ! Les biais cognitifs en émission et en réception évoqués en première partie sont donc, si ce n'est inexistants, au moins fortement atténués. Les informations, c'est alors vous qui les délivrez, et non votre slide. En tant que présentateur, vous n'aurez, de même, aucun risque de finir le dos tourné à votre audience, à lire vos slides. Comme il n'y a presque plus rien à lire, il y a beaucoup à dire. Prezi vous oblige à travailler votre oral !

## Une véritable illustration du discours

Prezi favorise l'illustration. Ajouter des photos ou des vidéos est extrêmement simple. Vous n'avez qu'à glisser/déposer vos fichiers directement sur le tableau blanc. Un outil de présentation qui vous incite, plus qu'à écrire, à montrer, est déjà un bon outil de présentation ! Vous pouvez même écrire directement sur les photos, pour que les mots choisis soient directement illustrés par l'image, en un seul coup d'œil. En évitant à votre audience d'avoir à lire d'abord un mot, puis à y associer une image, la fatigue cognitive est diminuée et la mémorisation facilitée (sinon, toutes les affiches publicitaires ressembleraient à des slides PowerPoint composées d'une partie texte et d'une partie photo).

## Le retour d'une intelligence collective

Prezi encourage la construction d'une intelligence collective. Parce que le présentateur est nettement plus engagé dans sa présentation, le public est automatiquement placé en position de participant, et non de simple spectateur. Vous les regardez dans les yeux puisque vous ne lisez plus vos slides. Ils ne lisent plus vos listes à points, puisqu'ils n'ont qu'un ou deux mots à lire, voire une simple image à regarder : ils vous écoutent. Puisque Prezi a été conçu dès l'origine comme un outil 100 % web, votre présentation est accessible à tous une fois la réunion terminée. L'échange peut se poursuivre sur le site de Prezi, à l'endroit de votre présentation, au moyen de commentaires que les spectateurs peuvent laisser. Vous pouvez donc, en plus des questions/réponses qui clôturent votre présentation, continuer sur Internet les discussions que vous n'auriez éventuellement pas pu finir faute de temps. De même, un simple clic sur un bouton vous permet d'inviter des participants à construire ensemble la présentation : quoi de plus pertinent en mode projet ?

## Un objectif clair : présenter

Prezi, vous le voyez, n'a pas vocation à être un support autonome de transmission de l'information : c'est un outil de présentation. À ce titre, vous ne serez pas tenté de l'envoyer en pièce jointe (techniquement, de toute façon vous ne pouvez pas !) sans autre forme d'explication comme trop de gens le font avec PowerPoint. Pour cela, vous retrouverez naturellement l'idée d'écrire une note de synthèse. De même, il ne devrait pas vous venir à l'idée d'utiliser Prezi comme support d'archivage de vos informations… Prezi n'est pas un document de référence sur lequel vous travaillez depuis la phase de réflexion jusqu'à la production du livrable : vous démarrez Prezi à l'issue de ces étapes préalables. Vous avez réfléchi avec d'autres outils, comme par exemple une bonne vieille feuille blanche. Votre cerveau n'a pas été contraint de réfléchir entre les limites étroites du cadre cognitif imposé par PowerPoint.

### Une exigence de qualité oratoire

Prezi encourage d'une manière générale votre performance oratoire. Puisque vous avez intégré peu de textes à votre présentation, l'attention du public se focalise sur votre discours. Là où PowerPoint donnait l'illusion de croire qu'il n'était pas nécessaire de préparer son intervention puisque tout était inclus dans les slides, Prezi ne vous trompe pas. Si vous n'avez pas une idée nette de ce que vous avez à dire à chaque point que vous montrez, votre présentation n'aura aucun impact. Attention : ce n'est pas un défaut du logiciel, bien au contraire ! Avoir besoin de travailler sa présentation est normal et bénéfique. C'est l'illusion de croire que ce n'est pas nécessaire, illusion typiquement induite par PowerPoint, qui est une grave erreur.

> **Un conseil**
>
> Si Prezi possède des avantages certains par rapport à PowerPoint, n'oubliez jamais que l'outil, aussi bien conçu soit-il, ne remplacera jamais votre performance scénique. Votre discours oral, votre voix, votre gestuelle, bref, votre présence devant votre public restent et resteront l'essence de votre présentation.

## Bien démarrer avec Prezi

Il existe plusieurs tutoriaux en ligne très bien faits qui vous expliquent comment fonctionne Prezi. En naviguant sur le site www.prezi.com/learn/, vous les trouverez tous[1]. Lors de vos premiers pas avec le logiciel,

1. Un tutoriel en français : http://Prezi.com/p6nll-axxuyf/tutoriel-Prezi-en-francais/

celui-ci vous propose également de suivre un «cours» de trois minutes, à même votre présentation, pour vous donner de manière très concrète les premières clés de fonctionnement.

Cependant, parce que nous savons que votre temps est limité, que nous nous sommes engagés à ce que votre apprentissage du logiciel ne prenne pas plus de 15 minutes, et avant que vous n'alliez tester vous-même l'outil, nous allons apprendre quelques astuces de prise en main de Prezi, pour que vous puissiez être immédiatement productifs.

## Pour commencer

Rendez-vous sur le site www.prezi.com et procédez à votre inscription (e-mail et mot de passe suffisent).

Une fois que vous vous êtes inscrits sur le site, sélectionnez votre type «d'abonnement» – préférez l'option gratuite le temps de découvrir le logiciel, sauf si vous comptez tout de suite travailler sur des données confidentielles. Ensuite, allons créer votre première présentation, que nous nommerons donc votre «Prezi».

## Créer un nouveau Prezi

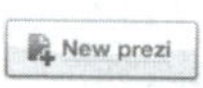


En cliquant sur l'onglet «New Prezi» ci-contre, Prezi vous demande de nommer votre présentation, et éventuellement de la décrire. Si la description n'est pas primordiale, le nom, lui, l'est: ce sera une des manières pour vous de retrouver votre Prezi sur le site, et de l'indiquer éventuellement à d'autres personnes. Une fois votre Prezi baptisée (félicitations!), vous accédez à la page de création proprement dite. Comme indiqué plus haut, Prezi vous propose alors un rapide tutorial de prise en main. Si vous avez 5 minutes, suivez-le, sinon, fermez-le. Voici ce que vous avez alors devant les yeux (à l'exception des chiffres):

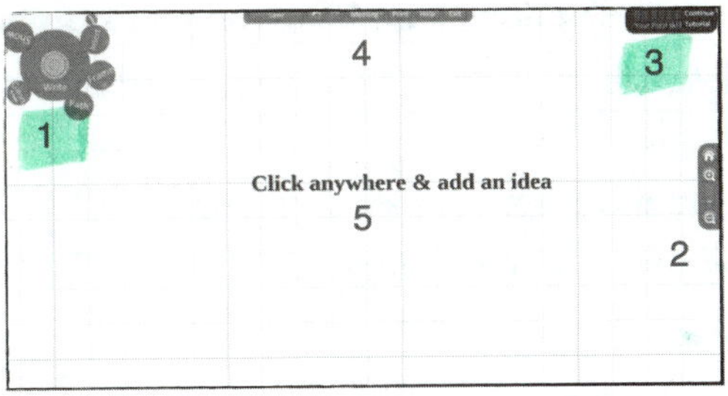


**Figure 8.7** Page vierge de création d'un nouveau Prezi

**1. Cette étrange forme bleue en haut à gauche est le bouton qui vous permet :**

- d'écrire (*Write*) ;
- d'insérer des fichiers – images ou vidéos – et des formes – flèches, diagrammes – (*Insert*) ;
- d'encadrer des objets ou du texte, une manière de mettre en valeur par exemple (*Frame*) ;
- modifier le jeu de couleurs de police, de fond... (*Colors*) ;
- créer le chemin de votre Prezi, c'est-à-dire l'ordre de présentation, chose que vous ferez après avoir disposé tous les éléments de votre Prezi (*Path*).

**2. Là, comme vous pouvez le deviner, c'est la molette de zoom.**

Éloignez-vous ou rapprochez-vous des éléments de votre Prezi grâce à elle, comme vous le feriez sur Google Map par exemple. Cette molette vous sera précieuse pour visualiser tous vos éléments, et en retrouver un si vous l'avez perdu de vue sur le tableau blanc.

**3. Ici, c'est simplement l'indicateur de votre niveau de compétences sur Prezi.**

Il augmente si vous suivez les tutoriaux, d'ailleurs il vous invite à le faire. Ne vous inquiétez pas, avoir un niveau de compétences faible n'a aucune incidence sur le fonctionnement du logiciel.

**4. Cette barre d'options supplémentaires vous permet de :**

– sauvegarder votre travail (mais la sauvegarde est automatique, donc soyez tranquille) ;
– d'annuler l'action que vous venez d'effectuer ;
– de partager votre Prezi (« Meeting ») ;
– de l'imprimer ;
– d'avoir accès à l'aide ;
– et enfin de sortir de votre Prezi, chose qui vous sera difficile une fois que vous serez habitué au logiciel.

**5. Et voilà, ne reste plus qu'à écrire n'importe où pour ajouter votre idée !**

Au moment où vous cliquez pour écrire, ce cercle bleu étrange apparaît au milieu de l'écran, sur le mot que vous avez écrit. Pas de panique, ce n'est que le bouton de commande principal. Examinons le plus en détail : il possède trois zones d'action distinctes, que vous voyez apparaître numérotées ci-dessous :

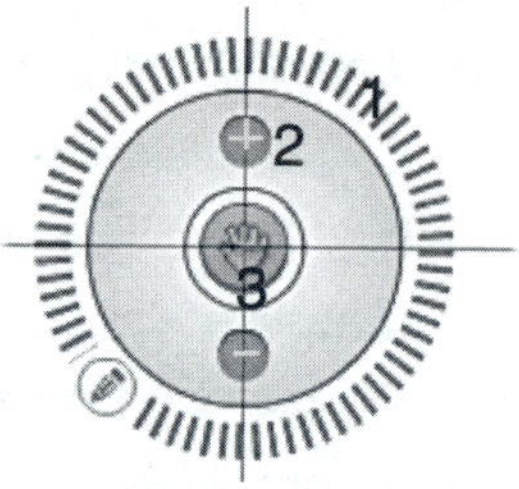


**Figure 8.8** Bouton de commande principal, divisé en 3 « zones »

### › Zone 1

Elle vous permet de faire pivoter le mot ou l'image sélectionné, dans tous les sens. Sachez que si vous écrivez un mot, puis que vous le retournez de 180°, lors de la présentation visuelle il ne sera pas affiché à l'envers, mais à l'endroit. Vous aurez l'impression que c'est la « caméra » de Prezi qui effectuera une rotation.

C'est un des petits aspects intéressants du logiciel, qui introduit du dynamisme et de la fraîcheur dans votre présentation. Attention cependant à ne pas en abuser, au risque de surcharger inutilement votre Prezi « d'effets de manche ». Cependant, vous pouvez vous en servir pertinemment lorsqu'il s'agit d'illustrer un concept opposé à une idée précédemment exposée, ou que vous présentez une idée en rupture des autres, ou une opinion opposée…

Vous pouvez également vous en servir pour disposer les mots de manière circulaire, si par exemple vous avez besoin d'illustrer un processus ou un cycle (comme ci-dessous). L'intérêt est alors que les mots, lors de la présentation, apparaîtront l'un après l'autre à l'écran en respectant une dynamique circulaire : votre schéma s'anime et met réellement en exergue la dynamique cyclique grâce aux mouvements de la caméra, qui va « tourner » dans le sens de la rotation que vous aurez choisi.

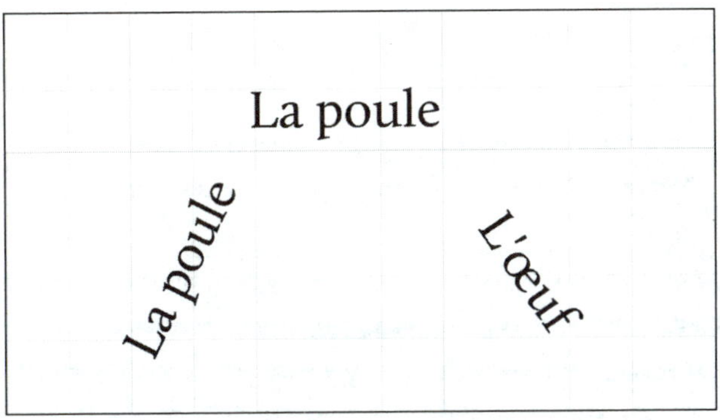


**Figure 8.9** Représenter un cycle avec Prezi

En outre, pour des raisons esthétiques, il est parfois préférable d'aligner ensemble plusieurs mots, tous sur un même axe. Pour cela, Prezi offre une petite option bien pensée : lorsque vous faites pivoter un mot, vous verrez que les mots qui possèdent tous le même alignement sont automatiquement affichés en surbrillance.

### › Zone 2

Elle vous permet de modifier la taille de la police d'un mot. Ainsi vous pouvez choisir de mettre en évidence certains mots par rapport à d'autres. C'est cette option qui vous offre la possibilité « d'imbriquer » deux mots ensemble : par exemple, lorsque vous présentez une idée qui découle d'une précédente, vous pouvez représenter la première en gros, puis y imbriquer la seconde. Mettons que vous souhaitiez parler du marché mondial, puis du marché français (et d'autres pays). Rien ne vous empêche d'écrire les mots comme sur l'exemple ci-dessous :

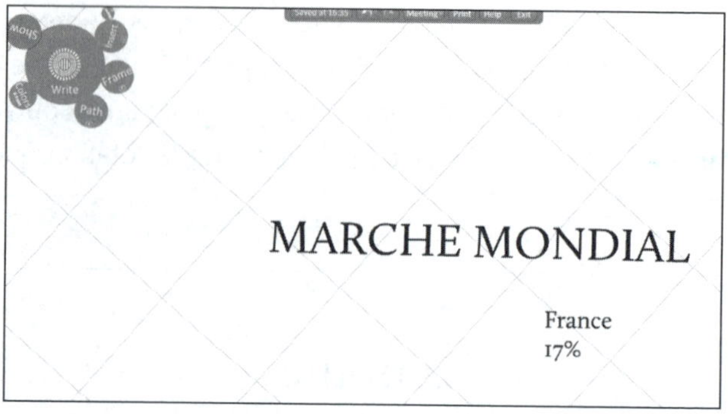


**Figure 8.10** Présenter un ensemble et des sous-ensembles

Puis, étant donné que vous allez ensuite présenter des sous-marchés du marché mondial, vous représentez de manière dynamique et concrète que vous passez d'un ensemble à un sous-ensemble, en incluant par exemple les sous-marchés dans le « o » du mot « monde » (vous auriez même pu inclure une carte du monde dans le « o » !). Pour cela, vous réduisez « France 17 % » et vous le faites glisser dans le « o », comme le montre l'exemple ci-dessous :

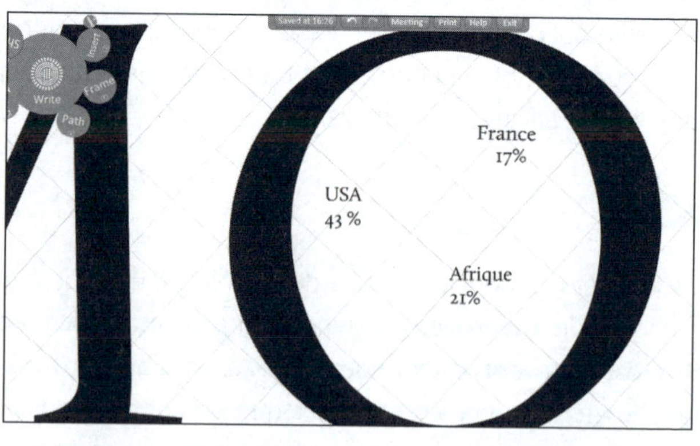


**Figure 8.11** Mise en scène de « la plongée dans le détail »

Ce faisant, la «caméra», lors de la présentation, effectuera une plongée dans le «o» de «monde», et se focalisera sur les informations «France», «USA» et «Afrique» suivant l'ordre que vous aurez indiqué. C'est une excellente façon de montrer que vous effectuez une plongée vers un niveau de détail supérieur, avant, ensuite, de remonter d'un degré de lecture, pour aborder, par exemple, les prévisions du marché (ou autre, après tout, c'est votre Prezi, pas le nôtre). En mode de présentation classique type PowerPoint, cela reviendrait à organiser comme suit :

I. Marché mondial

- A. France
- B. USA
- C. Afrique

II. Prévisions du marché

## Un conseil

Si vous avez envie d'imbriquer des mots comme dans l'exemple précédent, avant de les réduire et de les placer où vous le souhaitez, créez votre chemin de présentation. Si vous le faites après, vous aurez beaucoup plus de mal à «viser» les mots miniatures au sein d'autres mots pour indiquer qu'ils sont des étapes à part entière de votre Prezi. Pire, vous risquez même d'oublier que vous les aviez placés là, tant ils sont petits !

## EN RÉSUMÉ

- **Vous disposez tous vos éléments, avec une taille normale.**
- **Vous leur attribuez un numéro d'apparition.**
- **À ce stade seulement vous les imbriquez si nécessaire : l'ordre de présentation ne changera plus, quel que soit l'emplacement, ensuite, de vos éléments.**

### › Zone 3

Cette dernière vous permet tout simplement de déplacer sur votre tableau blanc les éléments de votre Prezi. Cliquez sur la main, et vous pourrez «saisir» vos éléments pour les ajuster où vous voulez.

À noter aussi que pour les effacer, il vous suffit de cliquer dessus puis d'appuyer sur la touche «supprimer» habituelle, comme vous le feriez pour supprimer un élément d'une slide PowerPoint.

De même, si vous voulez représenter plusieurs fois le même mot ou le même élément (par exemple: «la poule/l'œuf – la poule – l'œuf, etc.», le copier/coller fonctionne aussi: vous cliquez sur la zone 3, puis comme à votre habitude, sur CTRL + C et CTRL + V (ou CMD + C et CMD + V sur un Mac).

## La communauté Prezi

Prezi a été conçu dès le départ comme un outil collaboratif. En outre, la version gratuite du logiciel permet aux utilisateurs de mettre à la disposition du public leurs propres présentations. Devinez lesquelles sont en général les plus populaires? Ce sont celles qui enfoncent PowerPoint, en le comparant à Prezi!

En effet, il s'est créé sur Prezi une véritable communauté de «résistants» unis par le sens sacré du devoir de sortir du cadre de la pensée PowerPoint. Si, rappelons-le, Prezi n'a pas été conçu dans l'objectif avoué de nuire à PowerPoint mais plutôt pour répondre aux besoins d'un architecte, ses utilisateurs en ont fait l'égérie de la lutte anti-PowerPoint. Et leurs arguments fleurissent sur la Toile, mis en scène par Prezi, pour Prezi.

Cela dit, tempérons leur enthousiasme: un mauvais présentateur sur PowerPoint restera quoi qu'il en soit un piètre orateur sur Prezi. En outre, il est peu probable que Prezi convienne à la NASA – pour qui, nous l'avons vu, la note de synthèse semble bien plus appropriée.

Cependant, l'avantage de cette communauté d'utilisateurs réside dans le fait qu'elle représente, surtout pour un nouvel arrivant sur Prezi, une véritable mine d'informations, de conseils et d'inspiration. Si vous vous sentez perdu face à votre immense tableau blanc, demandez conseil sur le site, découvrez les Prezi des autres Prezinautes, et piquez-leur leurs meilleures idées (dans le respect du droit d'auteur bien entendu).

Si vous désirez apprendre, Prezi propose un partage de connaissances générales en mettant gratuitement à votre disposition des Prezi issus de conférences, d'écoles, de formations, de présentations gouvernementales, de design... Ce sont autant de sources d'inspiration pour vos propres Prezi, au moins pour vos premiers pas avec le logiciel.

Il y a même un concours des plus belles Prezi : lorsque vous serez prêt, n'hésitez pas à représenter les couleurs de la France sur ce site majoritairement anglo-saxon !

Les communautés Prezi sont variées et s'organisent par thématiques, suivant ce que vous venez y chercher ou ce que vous pouvez y apporter :

- un blog pour rester informé des nouveautés et lire des interviews d'utilisateurs, célèbres ou doués – vous y trouverez d'ailleurs un magnifique Prezi utilisé par un professeur d'astronomie, intitulé « *Astronomy Masterclass*[1] », véritable chef-d'œuvre de ce qu'il est possible de réaliser avec Prezi et de la passion ;
- une chaîne YouTube dédiée à Prezi, où vous pourrez trouver notamment des dizaines de tutoriaux en vidéo pour apprendre de nouvelles techniques ;
- des groupes Facebook, Twitter, LinkedIn pour intégrer la communauté et rester au courant des dernières informations ;
- un forum de discussion, au cas où vous ayez une question ou une difficulté.

1. http://blog.Prezi.com/ ; cherchez sur le blog à la date du 14 juillet 2011.

## Prezi sur tablettes tactiles

Évolution technologique oblige, Prezi propose également une application pour tablettes tactiles (Ipad pour le moment). Au-delà de l'aspect pratique de la chose, dérivé de la mobilité et de la rapidité qu'offre l'Ipad, c'est le processus de manipulation de vos Prezi qui s'en trouve amélioré.

En effet, la philosophie du logiciel peut se résumer, on l'a vu, à un seul mot : intuitif. L'ergonomie, la prise en main et le design ont été pensés pour vous donner la plus grande liberté possible lors de votre manipulation du logiciel.

Or, l'usage de la souris et du clavier est une perturbation supplémentaire entre votre discours oral et sa mise en scène sur Prezi, ce qui influe négativement, on l'a vu, sur votre performance oratoire puisque vous êtes obligés, systématiquement, de quitter le public des yeux, de cliquer... Ici, en réduisant l'interférence de médiation à sa plus simple expression (contact direct avec l'écran), vous jouez avec vos idées comme si vous n'aviez sous la main qu'une feuille et un crayon, à la différence près que votre feuille est infinie et que votre crayon, lui, est sacrément complet !

Vous pouvez alors naviguer librement dans votre Prezi au gré de ce que vous dites à l'oral, offrant en permanence la vue d'ensemble et la fluidité qui fait défaut à PowerPoint.

Votre interlocuteur, loin d'être relégué à un strict rôle passif de spectateur, se trouve réellement impliqué et engagé avec vous, **non seulement parce que vous manipulez Prezi, mais aussi parce que Prezi ne vous manipule pas.**

L'application Ipad de Prezi vous permet réellement d'aller plus loin dans la logique ergonomique du logiciel, puisque vous naviguez dans les niveaux de zoom et entre vos éléments le plus simplement du monde. De séquentielle et en 2 dimensions sur PowerPoint, votre présentation devient holistique, spatiale et en 3 dimensions.

Enfin, si nécessaire, un tutorial vidéo d'explication disponible sur le site vous permet d'apprendre en quelques minutes comment installer et utiliser Prezi sur votre Ipad.

## Quand Prezi fait du mind mapping

Les dernières versions du logiciel offrent la possibilité d'insérer dans votre Prezi des schémas, des diagrammes et autres formes diverses et variées. Pour y accéder, il suffit de passer par le bouton de commande principal en haut à gauche, et vous allez chercher «Insert», comme ci-dessous :

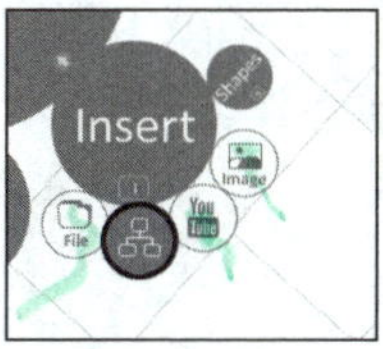


**Figure 8.13** Insertion d'une arborescence dans Prezi

Vous pouvez choisir d'insérer des vidéos YouTube, des images, des flèches et autres carrés en cliquant sur «Shape»; il vous suffit ensuite de les positionner sur votre tableau blanc, exactement comme les textes.

L'une de ces formes nous intéresse tout particulièrement : c'est celle que vous pouvez voir entourée de noir dans l'image précédente. Il s'agit de représentations d'arborescences ou d'organigrammes.

L'arborescence vous permet d'exploiter la pleine liberté de Prezi en représentant d'un seul bloc un système complexe, sans avoir aucunement besoin de naviguer entre des slides ne reprenant chacune qu'une partie de l'ensemble. Chaque personne de votre audience peut ainsi à tout moment conserver une vue d'ensemble de ce que vous leur présentez, et le fait de zoomer sur un élément précis de ce tout ne perturbera aucunement le parcours narratif de votre explication : vous n'avez pas quitté la vue d'ensemble pour autant et pouvez alterner entre les deux au gré de votre discours.

Prenons un exemple concret : pour représenter de manière simplifiée une organisation d'entreprise fictive, composée d'un service marketing (à gauche), d'un service commercial (en haut), et d'un secrétariat (à droite), l'arborescence que propose Prezi est très utile. Vous pouvez bien entendu intégrer les photos des personnes concernées que vous présentez, ou des chiffres concernant leurs budgets, leurs opérations… Là encore, Prezi vous permet d'afficher une vue d'ensemble à propos de laquelle vous pouvez librement discourir. Votre engagement vis-à-vis de votre audience est démultiplié, car vous libérez votre expression orale du carcan des slides PowerPoint. Voici à quoi pourrait ressembler l'organigramme de l'entreprise :

**Figure 8.14** Organigramme dynamique d'entreprise

Ensuite, après avoir présenté l'ensemble de votre entreprise, vous pouvez passer aux départements…

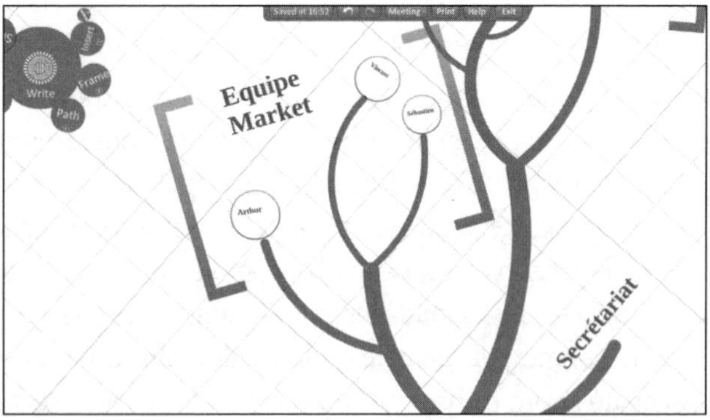


**Figure 8.15** Zoom sur une branche d'activité

… et même aux individus (vous pourriez même y insérer leurs photos) :

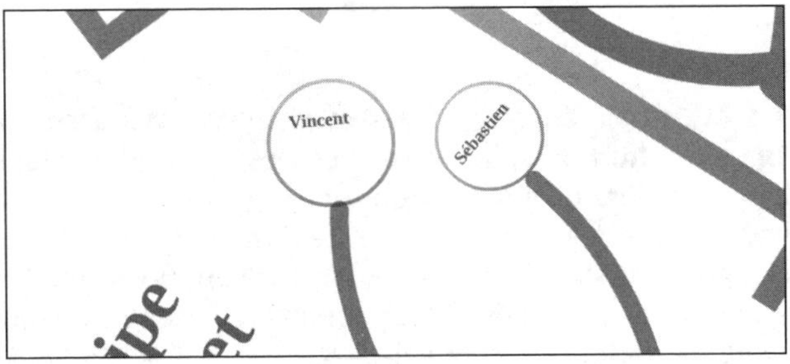


**Figure 8.16** Zoom sur les individus de la branche

Ce système d'arborescence vous offre également la possibilité de représenter différents scénarios ou différentes hypothèses, puisque les « branches de l'arbre » peuvent être innombrables – en fait, une infinité, puisque le tableau blanc de Prezi n'a aucune limite… Dans ce cas, votre organigramme se transforme en « arbre des possibles » où, à partir d'un postulat initial, vous déroulez différents scénarios. Cette représentation visuelle est en l'espèce nettement plus efficace qu'une autre, parce que l'ensemble des scénarios ou des hypothèses développés sont visibles en un seul coup d'œil, ce qui facilite grandement les potentialités de connexions inter-branches, la compréhension globale du système, encourage la créativité lors de la création de l'arbre…

Prezi offre donc ici, grâce à son tableau blanc sans limite, une véritable introduction au *mind mapping* et à toutes ses potentialités. Si vous êtes séduit par le concept de représentation arborescente de données sur un espace infini, alors le *mind mapping* est fait pour vous : sautez vite au chapitre suivant.

# À retenir

- **Prezi a été conçu à l'origine par et pour des professionnels de la représentation visuelle.** À ce titre c'est un outil véritablement pertinent dès lors qu'il s'agit de montrer des informations à votre public. Il a été conçu pour faciliter cette tâche notamment en imitant le principe du tableau blanc, mais un tableau qui n'aurait aucune limite physique. À côté des slides pantouflardes de PowerPoint, Prezi fait figure de rupture conceptuelle.
- **Le fonctionnement de Prezi est simple et intuitif.** Cette simplicité vous procure l'immense avantage de prendre un certain plaisir à travailler sur Prezi, de la conception à la présentation : votre travail est plus motivant, donc vous y êtes meilleur, tout simplement. En outre, l'introduction d'un peu de nouveauté dans un monde qui se veut innovant, mais qui s'englue en fait dans des cages cognitives puissantes, est une idée plus que bienvenue…
- **Prezi, en quelques mots, est un outil original et intuitif.** Il vous valorise en tant qu'orateur, encourage le visuel et décourage le format bullet list. En tant qu'outil participatif, il favorise la création d'une intelligence collective et vous oblige, enfin, à travailler sérieusement vos présentations orales, puisque l'accent est mis moins sur le texte que sur le visuel. Le discours redevient légitimement et pleinement vôtre.
- **Il existe une véritable communauté Prezi.** Si malgré tout vous avez une question ou un problème, une armada de Prezinautes est à même de vous aider. En outre, comme les Prezi sont, en mode gratuit du moins, librement consultables sur le site, Prezi vous offre une mine d'inspiration pour vos propres Prezi.
- **Prezi sur Ipad vous permet de réellement manipuler vos idées du bout du doigt.** Au-delà de l'aspect pratique lié aux caractéristiques de l'Ipad (mobilité, simplicité), l'application Prezi sur Ipad vous permet de lire vos Prezi n'importe où et de pouvoir, du bout des doigts, plonger au cœur de vos idées, vous balader le long de votre raisonnement, et impliquer votre interlocuteur dans la présentation que vous lui faites bien plus qu'avec un classique de slides.

Chapitre 9

# Libérer son cerveau avec MindNode

## La rupture du dogme séquentiel : la pensée libre

Le *mind mapping*, en français, est appelé « cartes heuristiques », du grec *heuristiké*, qui rappelle le fameux « Eurêka ! », l'exclamation de joie qu'aurait poussée Archimède, selon la légende, après avoir résolu le problème que lui avait posé Hiéron II de Syracuse. Eurêka, en grec ancien, s'écrit : « heúrêka » et devinez ce que cela signifie, littéralement ? On peut le traduire par : « j'ai trouvé » !

La carte heuristique, étymologiquement, est donc celle qui vient éclairer votre compréhension jusqu'à l'éclair de génie que vous recherchiez. À cette étudiante en thèse qui se perdait quelque peu dans le cheminement de son travail de rédaction, le *mind mapping* a réellement apporté l'éclair de clarté qu'elle recherchait en lui permettant de mettre à plat tout son travail, de pouvoir l'embrasser d'un seul regard, de savoir où elle allait, comment elle y allait, ce qui lui manquait encore… Car parfois, mettre sur une carte heuristique un problème complexe lui ôte précisément toute sa complexité : la réduction de son apparente (ou réelle) complexité peut procéder, justement, de sa représentation graphique.

### Un brin d'histoire

Le principe du *mind mapping* aurait initialement été inventé par Aristote, qui aurait mis au point les premières représentations hiérarchiques d'informations. Mais c'est à un psychologue Anglais, Tony Buzan, que l'on doit la conceptualisation moderne du *mind mapping* dans les années 1970. Auteur de nombreux livres sur l'apprentissage, la mémoire et le cerveau, il a également mis au point la technique de mémorisation totale dite SEM3, pour « *Self-Enhancing Master Memory Matrix* », technique capable par exemple de vous faire accomplir les prouesses de mémorisation dont on a déjà parlé précédemment, avec l'exemple du paquet de cartes mémorisé en quelques secondes par les champions du monde de la mémoire. De nombreux livres dédiés à l'amélioration de vos capacités mémorielles y font référence.

Le *mind mapping* peut se définir comme un système de représentation des idées non linéaire hors de tout cadre structurant. Schématiquement, cela consiste à occuper un espace potentiellement infini (sur informatique, du moins) en y annotant et en reliant des idées non plus dans une logique linéaire, mais dans une logique d'arborescence sémantique. Là où PowerPoint encourage, on l'a vu, la logique séquentielle et schématique (logique des flèches et des listes à points), les cartes heuristiques consistent en une représentation arborescente des données suivant la signification qu'on leur donne.

Le *mind mapping* ne nécessite rien d'autre qu'une idée centrale de départ, à laquelle on va pouvoir ensuite relier une infinité potentielle d'autres idées, elles-mêmes pouvant donner naissance à une infinité d'autres idées. Cette façon de présenter les choses est en rupture totale avec les techniques existantes, car elle n'introduit plus de notion de hiérarchie, ni le mode séquentiel (A puis B puis C), qui peut, comme on l'a vu, favoriser les erreurs de narration en créant artificiellement des liens de causalité parfois obscurs.

Le *mind mapping* constitue donc un excellent outil de réflexion préalable, notamment, à une présentation ou à la rédaction d'une note de synthèse. Il permet de positionner une idée découlant d'une autre à côté de cette dernière, tout en gardant toujours l'ensemble en perspective, le tout sans aucun *a priori* de classification. Cette absence d'*a priori* organisationnel vous permettra de ne pas restreindre votre créativité : votre imagination n'a plus à se limiter elle-même. Dans cette optique, sur une *mind map*, vous pouvez noter une nouvelle idée sans nécessairement la relier à une autre, dans l'attente simplement de lui trouver une connexion qui fasse sens. Au moins, vous ne l'aurez pas oubliée et pourrez la repositionner plus tard.

Pour illustrer concrètement en quoi le principe du *mind mapping* peut réellement vous aider à y voir plus clair, prenons l'exemple d'une famille nombreuse. Si l'on vous expliquait avec de simples mots ou pire, avec des slides PowerPoint qui, dans cette famille, est issu de qui, qui est le cousin, le frère, ou l'oncle de qui, qui était la tante par alliance et le beau-frère, etc., nul doute que vous seriez facilement perdu. Par contre, si on vous montrait un arbre généalogique de cette famille, même griffonné sur un coin de nappe, les choses seraient immédiatement et parfaitement claires pour vous. Vous risqueriez même de vous souvenir aisément des noms et des liens de filiation.

## Pourquoi le mind mapping est efficace ?

- parce que le fait de visualiser l'information lui donne une matérialité que ne peuvent lui conférer les simples mots ;
- parce que cette matérialité en facilite grandement l'appréhension : de conceptuelle, l'information devient, en plus, concrète ;
- puisqu'elle est concrète et conceptuelle, elle augmente son impact sur nos processus cognitifs en mettant à contribution plusieurs aires de notre cortex ;
- puisqu'elle est concrète, on peut la manipuler : en effet, « nous pouvons agir sur les représentations graphiques beaucoup plus facilement que sur un texte[1] ». D'ailleurs, schématiser un problème complexe sur un bout de papier est un réflexe naturel lorsqu'on a du mal à comprendre le problème en question.

Selon Pierre Mongin, spécialiste du *mind mapping*, qui s'appuie sur les recherches de la Wharton School of Business, la représentation visuelle tire sa puissance des éléments suivants[2] :

- le système « langage visuel + langage verbal » est plus persuasif que le langage simplement verbal ;
- le langage visuel est plus efficient dans l'appréhension de données complexes, la résolution de problème et l'apprentissage ;
- le langage visuel offre des vitesses de compréhension largement supérieures : de 10 % à 150 % ;
- la représentation visuelle rend l'information plus engageante, à la fois pour le présentateur et pour ses interlocuteurs, qui assistent alors à la matérialisation de l'idée en direct.

1. Mongin P., Garcia L., *Organisez vos projets avec le mind mapping*, Dunod, 2011, p. 19.
2. *Ibid*, p. 21.

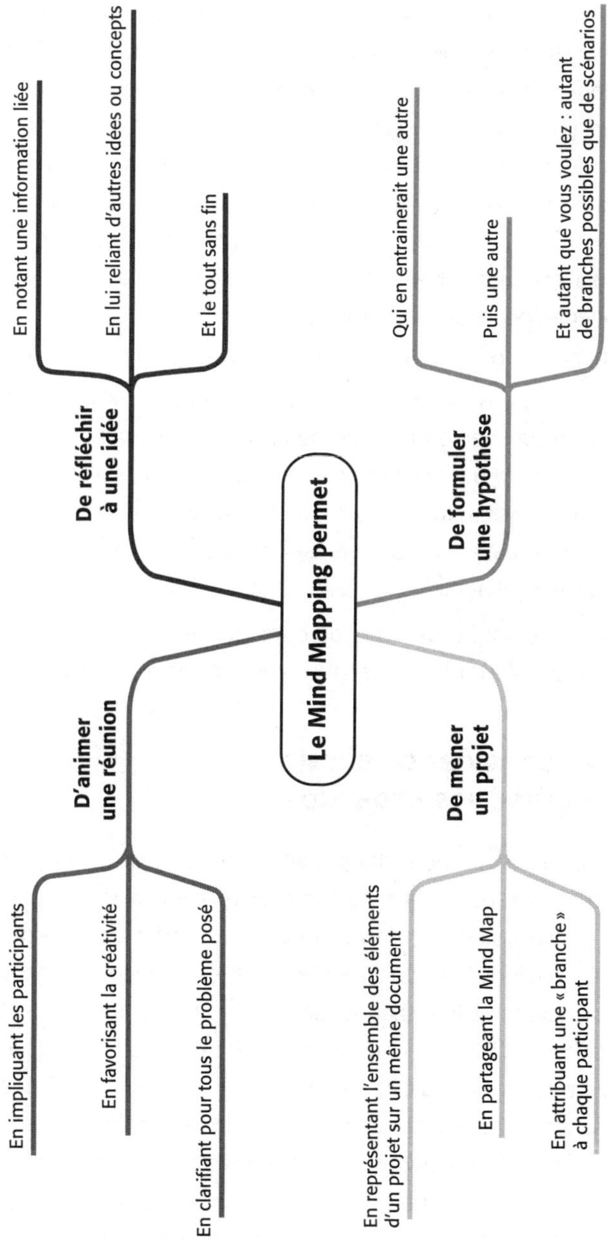


**Figure 9.1** Exemple d'utilisation d'un mind mapping

L'opposition conceptuelle entre le *mind mapping* et PowerPoint est, vous le voyez, profonde. Ce sont deux écoles cognitives qui s'affrontent, deux modes opposés de représentation du monde qui, chacun, produisent leurs propres effets cognitifs. L'avantage avec le *mind mapping*, c'est que les effets cognitifs produits semblent être moins des biais cognitifs que des leviers d'amélioration de vos processus de compréhension et de mémorisation. Est-ce parce que PowerPoint a été conçu par des ingénieurs en informatique, et le *mind mapping* par Aristote puis un psychologue spécialiste des processus cognitifs ?

Sur la figure 9.1, pour que vous ayez sous les yeux un premier exemple de ce à quoi ressemble le *mind mapping*, vous pourrez ainsi retrouver en une seule et même *mind map* très simple presque l'intégralité du chapitre 9 de ce livre. Il aurait été possible, sur une *mind map* plus grande, d'inclure tout le contenu du chapitre, en attribuant à chaque branche ses sous-branches porteuses chacune d'une idée, mais sur la même page ici, il aurait été difficile de la lire.

Inutile, à ce stade, de vous préciser que le présent ouvrage a été conçu à la base sur une *mind map* : vous l'aviez déjà deviné…

## L'effet de levier cérébral : démultipliez vos capacités

Sur une carte heuristique, chaque nœud de connexion est potentiellement un centre : de fait, il n'y a virtuellement jamais de fin à une *mind map*. C'est en cela que le *mind mapping* est une technique pertinente de représentation de la pensée personnelle : toujours en mouvement, toujours interconnectée, chaque idée en amenant une autre, sans souci de classification. C'est un peu une représentation du cerveau lui-même, avec ses milliers de milliards de connexions entre les neurones, sans début, sans fin. Il permet une excellente mise à plat des données brutes pour mieux les appréhender, sans imposer aucune limite via son cadre structurant. Il n'impose pratiquement aucune règle de formalisation, au profit d'une flexibilité totale des formes, des liens et donc des idées. Ainsi, ce ne sont pas des flèches qui relient les idées, mais de simples traits : pas de relations de cause à effet qui s'imposent, pas de logique temporelle, pas de linéarité en somme. Le *mind mapping* représente presque directement la façon dont s'agencent dans votre tête les idées ou les informations dont vous disposez pour un sujet donné.

« L'effet de levier cérébral » du *mind mapping* provient de sa capacité à mobiliser simultanément plusieurs aires du cerveau. En effet, parce qu'il fait appel à plusieurs types de langages différents en même temps, il mobilise simultanément les deux hémisphères, au lieu, schématiquement, d'un seul sous PowerPoint. Le *mind mapping* convoque en effet à la fois les mots, les couleurs et les images :

- les mots pour exprimer l'idée clé, sous forme brève (quelques mots) ;
- les couleurs, qui identifient les ramifications d'une même branche principale ;
- les images, car l'ensemble de votre carte ressemble alors à un dessin, que vous allez mémoriser comme tel, avec de biens meilleurs scores de mémorisation que s'il s'était agi d'un texte.

Concrètement, et sans être exhaustif tant la neuroscience est un domaine complexe, voici ce qui se passe quand vous écrivez sur une *mind map* :

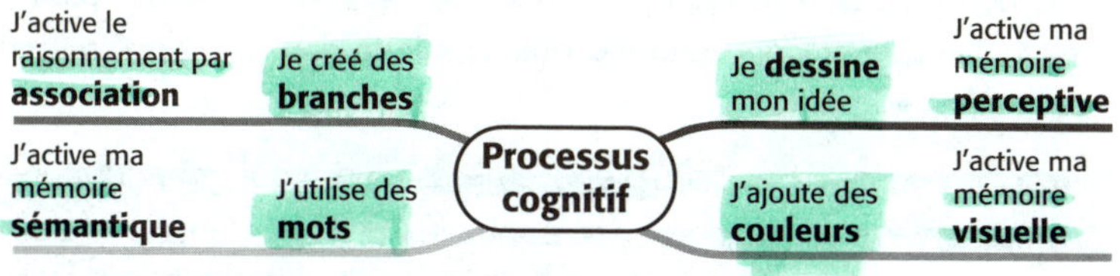


**Figure 9.2** Mécanismes cognitifs à l'œuvre avec le *mind mapping*

L'intérêt principal du *mind mapping* réside dans le fait que, comme vous le voyez sur le schéma ci-dessus, en travaillant sur une carte heuristique, vous mobilisez nettement plus que la simple logique sémantique, qui a cours par exemple lorsque vous lisez ces lignes, écrites dans la même couleur et selon la même mise en page. Pour le dire autrement, c'est comme passer du cinéma muet en noir et blanc au cinéma moderne, en couleurs, haute définition, avec un son ultra-réaliste… Votre cerveau, dans le deuxième cas, mémorise simultanément l'image et le son – et vous revoyez instantanément les images du film lorsque vous entendez, même des années après, la bande originale. Cela signifie que si votre cerveau, pour une information donnée, est sollicité de plusieurs manières à la fois, sa mémorisation n'en est que meilleure.

Étudiants, au lieu de faire des fiches de révision avec des couleurs ou des mots surlignés au feutre fluo, essayez, ne serait-ce qu'une fois, de réviser vos cours avec un logiciel de *mind mapping* ou en dessinant vous-même les cartes de vos cours, et vous verrez que vous apprendrez plus vite et mieux !

## Les avantages du mind mapping en bref

Pierre Mongin et Luis Garcia, dans leur ouvrage dédié au *mind mapping*[1], nous donnent une vision très claire des principaux atouts qu'offre le *mind mapping* :

– Vous réunissez tous les éléments, informations, idées, notes et autres références d'un même projet sur un seul et même document.

– Ce document est évolutif, dynamique et partageable entre les participants d'un projet : c'est un fichier électronique dont l'essence même est d'évoluer.

– En vous donnant à voir tous les éléments d'un problème, ou toutes les options envisagées, ou encore tous les scénarios anticipés, vous acquérez une vision globale et votre prise de décision est facilitée.

– Tous ces éléments sont visibles en un seul coup d'œil : le raisonnement par association, et donc le rapprochement pertinent d'éléments au départ isolés les uns des autres, est encouragé. Votre créativité et la vitesse de résolution de problèmes sont augmentées.

1. *Ibid*, p. 123.

- Votre *mind map* est très facilement exportable vers d'autres formats : PDF, Image...
- La mémorisation des informations présentées est accélérée et améliorée grâce à la mobilisation élargie des différentes aires cognitives du cerveau (hémisphère droit et gauche simultanément).
- La possibilité de prise de notes rapide et la réorganisation intuitive des informations recueillies fait du *mind mapping* un outil très utile en entretien, en conférence ou en cours.
- C'est un outil très efficace en réunion pour stimuler la créativité, encourager l'engagement des participants et faciliter la transmission et la compréhension d'informations complexes.
- La lecture de votre *mind map* peut être multiple : elle n'est pas enfermée dans une cage cognitive linéaire. Les interprétations possibles par les participants sont donc sources de créativité en réunion de brainstorming.
- À vous de trouver d'autres avantages : le *mind mapping* n'a de limites que celles que vous lui fixez !

## MindNode, le meilleur rapport qualité/prix

Nous avons choisi de vous présenter ce logiciel parmi la centaine qui existent en *mind mapping* parce qu'il présente selon nous énormément d'avantages :

1. Il est esthétiquement très bien fait. C'est important, lorsqu'on doit s'adapter rapidement à un nouvel outil logiciel, que son interface et sa prise en main soient les plus simples et les plus agréables possibles.

2. Il est parfaitement fonctionnel : vous pouvez y intégrer pratiquement tous les documents et fichiers que vous voulez (photos, images, liens hypertextes, fichiers Word ou Pages...).

3. Il est très intuitif. Avec deux touches seulement (on les verra plus loin), vous êtes déjà opérationnel. Vous apprendrez donc en quelques secondes comment le logiciel fonctionne, condition importante pour que vous puissiez l'adopter.

4. Il est extrêmement rapide : vous cliquez sur l'icone du logiciel, et il est déjà ouvert, sans aucun temps de chargement. Pour la prise de note rapide, c'est exceptionnellement pratique, surtout couplé à l'Ipad.

5. Il est téléchargeable en version gratuite, comme Prezi, et en version complète, payante. Vous n'avez donc rien à perdre à essayer !

6. Il est un des moins cher du marché : là où d'autres logiciels frisent les 300 $, MindNode en version complète (MindNode Pro) est à 15,99 €.

7. Il offre des aides en vidéos[1] pour vous apprendre à intégrer des fichiers, à organiser vos connexions, bref, à maîtriser tout le potentiel du logiciel et du *mind mapping* en général.

Son seul défaut : il ne tourne que sur Mac. Mais si vous avez un Mac, vous comprendrez vite que MindNode a été conçu dans la même philosophie de simplicité, de prise en main intuitive et d'esthétique que les produits Apple…

Et si vous n'avez pas de Mac, pas de panique : essayez les autres logiciels de *mind mapping* disponibles : FreeMind, FreePlane, Xmind, Google Wave muni du MindMap Gadget, Bubbl.us...

Enfin, si vous n'avez pas d'ordinateur, prenez une feuille et un stylo, ce sera (presque) aussi efficace !

## Réfléchir sur MindNode

En évitant l'impératif de la liste ou du tableau, et leurs limites structurantes particulièrement fortes, le *mind mapping* libère votre créativité. D'un point de vue sémiotique, il convoque et transcende même l'imaginaire de la page blanche, mais une page blanche qui n'aurait plus aucune limite. Un réceptacle infini pour une infinité d'idées, en somme.

Sans limite et d'un formalisme minimaliste, le *mind mapping* laisse libre cours à votre imagination, sans le carcan de devoir impérativement

1. http://www.mindnode.com/mindnode/video-tutorials/

trouver un ordre séquentiel à toute chose. Dans une société occidentale moderne particulièrement construite sur la rationalité linéaire et l'apprentissage chronologique des choses, le *mind mapping* fait presque figure d'hérésie conceptuelle. Pourtant, il s'agit sans doute d'une des formes de représentation des idées la moins manipulée et la plus intuitive qui soit.

### À savoir

**Rien ne vous empêche, sur votre *mind map*, d'ajouter tous types de documents : images, photos, fichiers...**
**Encore une fois, sur MindNode le fonctionnement est intuitif : vous glissez/déposez les fichiers en question sur l'arborescence de votre choix, et c'est tout. Le fichier sera alors affiché en miniature et en double-cliquant dessus, vous l'ouvrirez.**

Ainsi, dans le cas d'un problème à résoudre au sein d'un environnement complexe, où par essence les interconnexions sont nombreuses, si vous commencez par représenter toutes les données et informations dont vous disposez sur une carte heuristique, vous conservez ensuite une réelle liberté d'adaptation, qui s'accorde bien avec votre connaissance inévitablement parcellaire de ces mêmes données, connaissance qui sera amenée à progresser.

Au fur et à mesure de la prise en compte d'un nombre croissant de facteurs et d'acteurs du problème, il est alors très simple de modifier les connexions entre les idées, d'en rajouter d'autres, d'en retirer... Et à la fin de ce processus, votre carte est une représentation radiante et arborescente, *a priori* fidèle, des implications et interactions complexes entre les données.

Sans préjuger de l'issue de la catastrophe ni nous permettre de juger le travail des ingénieurs, sur quoi aurait abouti le processus de réflexion au sein des équipes de la NASA s'ils avaient travaillé sur une représentation de type *mind map* de toutes les hypothèses possibles, et leurs conséquences envisagées ? L'hypothèse de l'explosion de la navette aurait-elle été plus correctement mise en lumière et interrogée ? On ne le saura sans doute jamais, mais considérant la formidable efficacité du *mind mapping*, la question mérite d'être soulevée ici.

## Formulation d'hypothèses et création de scénarios

Lorsque vous êtes confronté à une situation problématique, quelle qu'elle soit, avant de prendre une décision, vous allez naturellement chercher à anticiper les conséquences. Vous projetez alors mentalement une série de causes qui produiront ensuite une série d'effets, à l'image d'un joueur d'échec qui tente d'anticiper les conséquences de chacun des coups qu'il projette de jouer.

Lorsque vous préparez un entretien important, un coup de téléphone qu'il ne faut pas rater ou une réunion clé, il y a toujours une variable sur laquelle pèsera l'incertitude : la variable humaine. En effet, vous n'avez aucune idée, avant l'entretien, le coup de téléphone ou la réunion, des comportements qu'adopteront vos interlocuteurs. Vous préparez donc vos arguments éventuels, vos principaux éléments de conversation, les points clés que vous souhaitez voir abordés...

Dans ce genre de situation, le *mind mapping* peut vous être, là encore, d'une grande aide. Plus généralement, dans toutes les situations où vous êtes amené à devoir faire preuve d'anticipation et de préparation, la représentation graphique des différents scénarios est la plus efficace, car elle offre la possibilité « d'ouvrir » et de « fermer » des scénarios ou des hypothèses suivant la logique cause/conséquence.

Le *mind mapping* peut donc vous permettre de représenter les futurs possibles. En leur donnant une matérialité graphique, vous leur donnez une existence, et vous vous offrez alors la possibilité de réagir à leur éventualité. En outre, parce que le *mind mapping* stimule votre créativité, le nombre de futurs possibles que vous allez être en mesure d'imaginer vous étonnera vous-même.

Prenons l'exemple d'un entretien d'embauche important que vous souhaitez préparer. Suivant votre profil, le recruteur et le poste auquel vous postulez, l'entretien peut être totalement différent d'un cas à l'autre, mais l'idée est ici de vous montrer comment vous pouvez vous servir de MindNode pour préparer cet entretien, anticiper les problèmes et les questions pièges, prévoir les bonnes réponses... et vous en rappeler, puisque la mémorisation est meilleure avec le *mind mapping* ! Ainsi, fini les réparties idéales trouvées trois jours après l'entretien...

Voyons ensemble ce que cela pourrait donner sur une *mind map*, sachant qu'elle n'intègre que quelques exemples (votre propre carte d'entretien sera nettement plus fournie) :

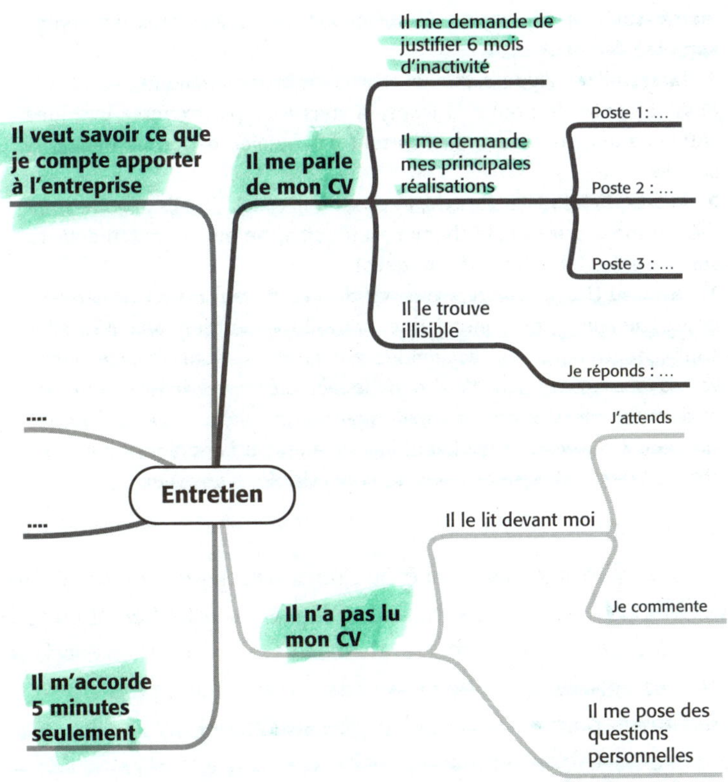


**Figure 9.3** *Mind map* préparatoire à un entretien d'embauche

## Réfléchir partout, tout le temps avec MindNode Touch

Il faut également noter, comme pour Prezi, que MindNode existe pour l'Ipad : c'est l'application MindNode Touch. Et, comme pour Prezi, l'interface tactile représente ici un vrai plus tant vous pouvez alors, véritablement, manipuler vos idées du bout des doigts.

### À savoir

**Utiliser Prezi sur une tablette tactile va au-delà du simple transfert du logiciel sur un autre support. C'est, en effet, utiliser au mieux le potentiel combiné des deux outils :**

**1. la rapidité : l'Ipad s'allume et s'éteint instantanément, MindNode aussi. La prise de note à la volée, si vous avez par exemple une idée soudaine que vous ne voulez surtout pas oublier, est on ne peut plus simple ;**

**2. la simplicité : plus de stylo, plus de souris, plus de câble : entre votre idée et son expression, le chemin est réduit à son minimum (au-delà, ce sera l'ère des tablettes télépathiques) ;**

**3. la mobilité : en rendez-vous, en avion, en train ou en conférence, notez, organisez et donnez une nouvelle dimension aux nouvelles connaissances que vous accumulez. Au lieu de les noter et de les archiver dans un document Word dans lequel vous n'irez jamais relire vos anciennes notes, les nouvelles informations que vous recueillez ici ou là via MindNode et votre Ipad sont immédiatement intégrées à une branche pertinente et resteront ainsi toujours visibles à vos yeux.**

Vous avez maintenant deviné que nous n'avons pas présenté Prezi et MindNode ensemble par hasard. Si leur objet est différent puisqu'il revient à Prezi le rôle de mettre en scène vos présentations, la façon dont vous agencez vos informations dans l'un comme dans l'autre est extrêmement proche. Dans les deux cas, vous partez d'un tableau blanc ou d'une page blanche, tous deux infinis ; vous agencez ensuite des informations pour les relier ensemble.

C'est donc que le *mind mapping* peut vous permettre, tout en travaillant à préparer par exemple le contenu et le plan d'une intervention ou d'une conférence, de construire en même temps un chemin de présentation pour Prezi : en lisant votre *mind map*, vous choisirez ce que vous comptez présenter oralement et sur Prezi, et leur agencement sera alors sensiblement le même, si ce n'est strictement le même. Les liens logiques que vous attribuez aux éléments de votre *mind map* seront en effet identiques à ceux que vous mettrez en scène sur votre Prezi, puisque les deux outils se basent sur l'arborescence d'idées : en utilisant les deux logiciels, vous mobilisez la même logique, vous travaillez mieux, et vous gagnez du temps !

Et si l'envie vous en prend, vous pouvez parfaitement intégrer une *mind map* à votre Prezi sans avoir nécessairement besoin de la recréer sur Prezi. C'est l'avantage de MindNode : il reste malgré tout esthétiquement beau par son design épuré, et vous n'aurez pas honte de l'utiliser en présentation, ce que l'on va voir maintenant.

## Présenter sur MindNode

Outre son réel intérêt dans la phase préalable de réflexion, le *mind mapping* et MindNode en particulier peuvent devenir de véritables alliés pour vos présentations, particulièrement si celles-ci ont pour objet de permettre ensuite aux participants de travailler ensemble. C'est donc un outil tout à fait indiqué pour les présentations en petits comités, en interne par exemple, ou avec un client pour une réunion préparatoire ou d'étape (n'oubliez pas, alors, de ne pas éteindre la lumière pour garder vos interlocuteurs en état de participer !).

Ainsi, vous gardez Prezi pour les « grandes messes », lorsque la forme devient importante, et vous utilisez MindNode dans la vie de tous les jours, en réunion, pour votre travail personnel...

**En quoi MindNode peut devenir aussi un très bon outil de présentation ?**

## Pédagogie

Parce qu'il ne permet pas – ce n'est pas son but – de rédiger de longs textes, MindNode évite à votre auditoire la tentation de lire le texte qui fait l'objet, précisément, de ce dont vous êtes en train de parler. Autrement dit, votre public n'a pas à suivre deux flux différents et simultanés d'informations (ce que vous dites et ce que vous montrez), ce qui lui évite ainsi une inutile fatigue cognitive. De plus, en vous offrant la possibilité de zoomer jusqu'au niveau d'une seule idée (l'extrémité d'une branche, en d'autres mots) si vous le souhaitez, ou de présenter en un coup d'œil toute la carte, et surtout d'alterner entre ces deux vues, le *mind mapping* se transforme en allié et non en compétiteur de votre prestation oratoire. En fonction de votre discours, vous pouvez alors vous appuyer véritablement sur la carte projetée pour faire comprendre à votre auditoire les implications, les interactions et les liens entre les différents éléments projetés, d'une manière dynamique et non plus linéaire et assommante.

## Adaptation

Parce qu'il n'y a plus de linéarité dans votre présentation, vous êtes alors libre de modifier en cours de route votre intervention si vous le jugez approprié, là où PowerPoint ne vous permet tout simplement pas de vous échapper de l'ordre imposé par les slides, à plus forte raison lorsqu'elles défilent automatiquement. Il faut bien comprendre ici le saut conceptuel que cela représente, notamment pour vos interlocuteurs : en lieu et place de suivre un ordre, un plan, une suite chronologique avec un début, un milieu et une fin, le *mind mapping* vous offre la possibilité de débuter et de terminer votre intervention potentiellement partout, en fonction du contexte et de votre audience. Mais notez que cette liberté a un prix : elle implique de votre part une parfaite maîtrise de votre sujet : le *mind mapping* ne tolère pas les orateurs désengagés. Mais comme vous avez préparé votre intervention sur MindNode, aucune crainte : vous êtes au point...

## Engagement

Parce qu'une *mind map* correctement réalisée ne contient pas assez de texte écrit pour pouvoir se passer de vos commentaires à l'oral, il est totalement inapproprié de l'envoyer par e-mail sans autre forme d'explication, comme c'est malheureusement le cas avec PowerPoint. *A priori* donc, une carte heuristique n'a pas vocation, par essence, à devoir faire sens par elle-même ; les problèmes évoqués de co-construction de sens par le lecteur et au partage parfois difficile du contexte entre l'émetteur et le récepteur sont ainsi évités. Elle demande donc impérativement à être escortée de votre discours d'accompagnement, ce qui exclue *de facto*, et c'est tant mieux, un usage en tant que support autonome de transmission d'informations. Avec un peu de chance donc, les historiens du futur n'auront pas à s'arracher les cheveux pour déchiffrer le sens de cartes heuristiques incompréhensibles hors contexte, sans discours d'escorte et dénichées vingt siècles plus tard…

Enfin, parce qu'en réintroduisant une liberté nouvelle dans vos présentations, MindNode favorise non seulement votre engagement oratoire, mais aussi celui de votre audience, qui n'est plus assommée par les difficultés que nous avons évoquées en première partie. Autrement dit, à la fin, voire même pendant la présentation, vos interlocuteurs seront nettement plus à même de réagir et de participer. Dans le cas d'une réunion de collaborateurs visant à résoudre un problème, là où PowerPoint « tuait » l'échange et la discussion, le *mind mapping* vient au contraire le favoriser. Ce faisant, il contribue, à vos côtés, à l'élaboration de cette précieuse intelligence collective, puisqu'il est extrêmement facile, voire conseillé, d'agir sur la carte heuristique directement pendant la réunion. De nouveaux nœuds de connexions, de nouvelles idées peuvent ainsi être ajoutés par vos interlocuteurs au cours de la réunion, ce qui encourage la créativité, favorise le débat et créé, *in fine*, la condition d'un véritable échange d'idées. À l'inverse, avez-vous vu beaucoup de présentations PowerPoint être modifiées, agencées, repensées même pendant la présentation ?

## Le mind mapping en mode Projet

On l'a vu, le mode projet est partout, dans toutes les entreprises. Tout le monde en parle, chacun travaille sur des «projets», on se réunit, on s'envoie des e-mails par milliers, on s'appelle : ça a l'avantage de donner l'air très occupé. Mais qu'est-ce qu'un projet?

La préparation d'une campagne militaire est un exemple pertinent de ce qu'est un véritable projet.

En effet, les officiers participants à l'élaboration de la campagne définissent ensemble :

- un objectif;
- les moyens matériels et humains à engager pour l'atteindre;
- un délai de réalisation;
- s'ils possèdent ou non un niveau de connaissances suffisantes du terrain, de la météo et de tout type de variable pouvant avoir une influence sur cette campagne;
- des scénarios possibles de déroulement de l'opération;
- les réponses adéquates, enfin, à y apporter.

Dans sa méthodologie, cette procédure est à même de garantir non pas forcément, bien sûr, le succès de l'opération, mais assure au moins que les «chefs de projet» (les officiers) ont tout fait pour que ce soit le cas. Notamment, les officiers, pour préparer leur opération, s'appuient nécessairement sur une ou plusieurs cartes, sur lesquelles ils interviennent, débattent, écrivent au moyen de feutres, de pions, de marquages divers...

Les principes d'action en marketing ne sont pas si éloignés de l'univers militaire (en témoignent les parallèles sémantiques avec l'imaginaire guerrier : «guérilla marketing», «cible», «stratégie offensive», «impact»...), à un détail près : si les spécialistes en marketing emploient volontiers un vocabulaire militaire, ils préfèrent ensuite utiliser PowerPoint... Alors qu'ils pourraient eux aussi utiliser des cartes, non pas géographiques, mais heuristiques!

De la même manière, en entreprise, conduire un projet et mener une équipe à son terme nécessite d'abord de faire adhérer les hommes à ce projet. Pour cela, la première chose à faire est de leur faire comprendre ce projet. Et pour leur faire comprendre un projet, surtout s'il est complexe, il faut s'y prendre avec beaucoup d'intelligence. PowerPoint ne vous y aidera donc certainement pas.

Par contre, le *mind mapping*, pour les raisons que l'on a vues, sera nettement plus à même de remplir cette tâche : vous pourrez représenter tous les tenants et aboutissants du projet sur un seul et même document tout en conduisant une réunion d'information et d'écoute active grâce à la capacité d'engagement que vous confère le *mind mapping*.

Ensuite, la conduite d'un projet nécessite également de la coordination. Celle-ci passe par un échange nourri et permanent d'informations entre les différentes parties prenantes du projet. La « réunionite », là encore, en constitue l'expression la plus regrettable. Pour assurer tout au long du projet un partage optimum des informations, une compréhension claire et partagée des objectifs et des rôles de chacun, le *mind mapping* est un outil ultra performant. Schématiquement, vous avez deux options pour représenter un système « équipe/projet » sur une *mind map* : soit par fonctions ou missions, soit par personnes impliquées. Un exemple :

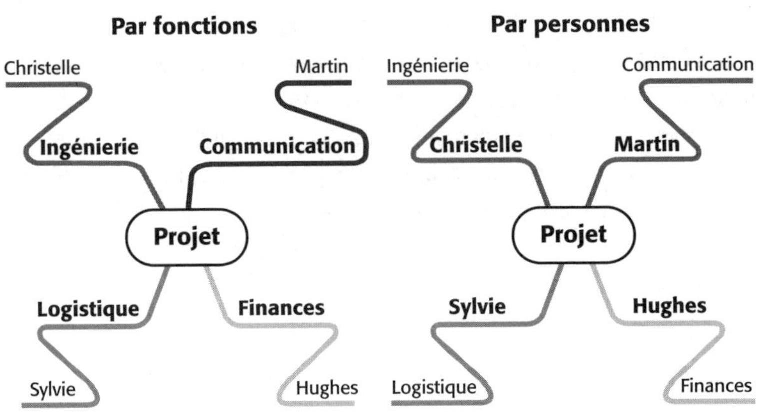


**Figure 9.5** Cartographier un projet pour mieux manager : *mind map* par fonction (gauche) ; *mind map* par personne (droite)

Dans la première *mind map*, on focalise l'attention sur le rôle de chacun des participants, dans la deuxième, c'est sur les fonctions que l'on se concentre. Le premier modèle a l'avantage de mettre en avant les femmes et les hommes qui constituent votre projet. C'est sur eux que repose le bon déroulement du projet, parce qu'ils sont porteurs de la compétence nécessaire. C'est un modèle de gestion de projet naturellement approprié pour une équipe réduite, type start-up. Le deuxième modèle est plus impersonnel : il s'applique mieux à des projets importants, impliquant plus de moyens humains, et où un certain *turn over* des participants peut être accepté sans problème.

MindNode est, de plus, particulièrement pertinent en mode projet parce qu'il propose une option de partage des *mind map* entre les participants. Ce partage peut être effectué via votre Iphone, ou en connectant votre téléphone au même réseau Wi-Fi que votre ordinateur.

Cependant, une autre solution nous paraît encore plus simple : utilisez les systèmes de partage de fichiers de type Dropbox. Chacun des participants propriétaire d'un compte DropBox verra ainsi sur le « bureau » de son ordinateur une icone dédiée, dans laquelle il pourra retrouver la *mind map* que vous aurez créée tous ensemble. L'avantage de Dropbox est qu'il n'est pas nécessaire de faire la démarche d'aller sur Internet : le dossier Dropbox partagé avec votre équipe, et situé par exemple sur votre bureau, se synchronise automatiquement dès que vous êtes connectés. Vous travaillez exactement comme s'il s'agissait de vos dossiers personnels sur votre ordinateur, avec la sécurité et le confort de savoir qu'ils sont sauvegardés et synchronisés automatiquement. En outre, vous pouvez y accéder depuis n'importe quel ordinateur avec vos identifiants Dropbox. Si vous perdez votre sacoche informatique, vos données ne sont pas perdues ! En résumé, voilà comment s'organise un partage de *mind map* via Dropbox :

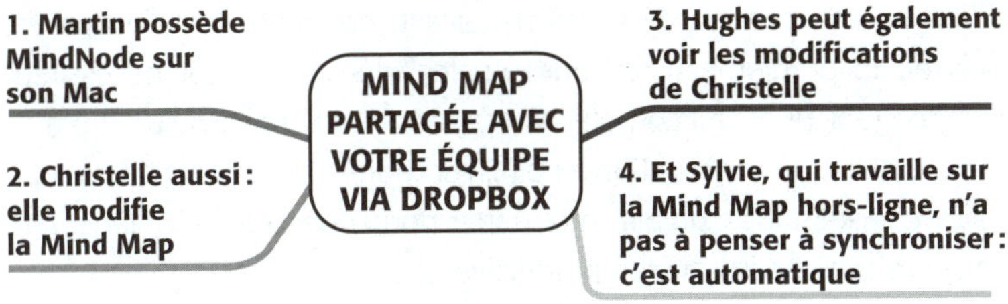


**Figure 9.7** Partage d'une *mind map* à plusieurs : principe de fonctionnement

Une fois que chacun des participants est connecté à la *mind map* « Projet », vous pourrez tous, par exemple, indiquer les pourcentages d'avancement, ou les idées que vous avez eues au fur et à mesure. De cette manière, non seulement le chef de projet peut consulter quand il le souhaite l'état d'avancement et de réflexion autour du projet, mais les participants disposent d'un suivi permanent de leur « sous-projet », qui est pour eux devenu une *mind map* à part entière, qu'ils peuvent développer, illustrer, réorganiser comme bon leur semble.

Dans notre exemple ci-dessus, Sylvie qui travaille hors ligne peut ainsi avoir rencontré un professionnel susceptible de résoudre un des problèmes posés par le projet. Au lieu d'envoyer un e-mail (de plus) à l'équipe, de prendre son téléphone ou pire, d'organiser une réunion simplement pour aborder la question de ce professionnel, elle note sur sa *mind map*, sur une branche intitulée par exemple « Partenaires », le nom et les coordonnées de ce dernier, ainsi que son rôle potentiel. Comme la *mind map* est mise à jour automatiquement pour toute l'équipe, le chef de projet pourra s'il le souhaite passer un coup de téléphone à Sylvie pour en savoir plus, sans avoir besoin de déranger l'équipe entière.

En outre, si vous conduisez ces réunions avec la *mind map* du projet, chacun des participants sera impliqué dans la réunion puisqu'ils auront tous contribué à développer la carte heuristique du projet. « Leur branche » sera le reflet de leur implication sur le projet, mais aussi de leur créativité.

Et si vous animez une réunion qui est indépendante d'un projet, mais où le problème à résoudre ou les idées à trouver nécessitent plus de créer une situation d'échanges et d'interactions qu'un prétexte pour somnoler devant un PowerPoint, l'encadré suivant vous donne une petite check-list des points importants pour que cette réunion *mind mapping* soit constructive et productive.

## FOCUS

### Organiser une réunion *mind mapping*

Afin de garantir que votre réunion se passe bien, soit productive et puisse tirer le meilleur du ***mind mapping***, quelques règles de base doivent être suivies.

1. En amont de la réunion, comme toujours, définissez son objet : quel est le but réel de cette réunion ?

2. N'invitez, comme on l'a vu, que les personnes pertinentes au regard de leurs compétences.

3. Demandez-leur si nécessaire un travail préparatoire afin d'être immédiatement productifs.

4. Connectez votre ordinateur à un projecteur et lancez MindNode.

5. Inscrivez l'objet de la réunion ou le problème à résoudre en quelques mots au centre de la ***mind map***, éventuellement sous la forme interrogative afin de susciter plus facilement les réponses.

6. Au début de la réunion, rappelez à tous les participants l'objectif et la durée prévue de cette réunion.

7. Nommez une personne qui sera chargée d'inscrire les idées sur MindNode, de prendre tout en note, même les idées les plus étranges.

8. Au moment de débuter la réunion, précisez à tous les participants qu'ils sont conviés parce que leurs idées, critiques et points de vue sont nécessaires au projet : indiquez-leur qu'il n'y aura donc

aucune censure, aucun sarcasme, quand bien même une idée serait farfelue ou stupide, car on ne produit rien d'extraordinaire sans penser à des choses extraordinaires.

9. À la fin seulement, une fois que vous constatez un certain assèchement créatif, évaluez, classez et réorganisez toutes les idées sur votre ***mind map***. Gardez les idées pour le moment inclassables pour plus tard en leur attribuant une arborescence dédiée, par exemple «idées mystères» ou «inclassable». On ne sait jamais ce que le raisonnement par association peut produire !

Cette méthodologie s'applique également en cas de réunion avec vous-même : seul avec votre ***mind map***, vous pouvez tout autant être extrêmement créatif. Seul impératif : notez tout, absolument tout ce qui vous passe par la tête : tout seul, vous n'êtes pas assez nombreux pour vous permettre de trier les idées.

## Démarrage rapide avec MindNode

Voilà, vous avez maintenant compris en quoi le *mind mapping* peut radicalement transformer votre façon de travailler, de créer, de mener un projet, de réfléchir...

Comme promis, nous allons vous donner quelques astuces pour que votre prise en main de MindNode soit à la fois simple et surtout, extrêmement rapide.

Comme le logiciel est conçu pour être très intuitif, nous n'aurons que très peu de choses à vous apprendre : vous vous rendrez compte par vous-même que vous trouverez comment faire telle ou telle chose instinctivement. C'est, souvent, la marque des logiciels bien pensés...

Le vocabulaire employé par MindNode est simple : les branches sont des «nœuds». Outre les nœuds «principaux», cellules initiales de vos arborescences, ils sont répartis entre les nœuds dits «parents», «enfants», et «nœuds frères», sur l'exact modèle des arbres généalogiques.

Le menu supérieur vous indique toutes les actions que vous pouvez réaliser sur votre carte. Les principales à ce stade sont pour vous :

– Réorganiser (pour équilibrer visuellement les nœuds sur la carte)
– Plier et déplier (pour y voir plus clair si votre carte est importante)
– Gérer les couleurs, grâce aux icones en haut à droite.

Allons ensemble ouvrir une nouvelle ***mind map*** :

1. Vous ouvrez MindNode, et vous voyez ça :

2. Cliquez dans le nœud central et nommez votre carte :

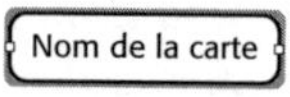


3. Appuyez sur « Entrée » pour « verrouiller » ce nœud.
4. Appuyez sur la flèche « Tabulation » pour créer une arborescence :

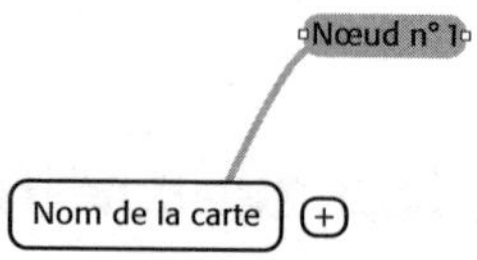


**Figure 9.10** Création d'une arborescence via la touche « tabulation »

5. Appuyez sur « Entrée » pour la verrouiller.
6. Cliquez à nouveau sur le nœud principal pour en faire repartir d'autres nœuds avec « Tabulation » :

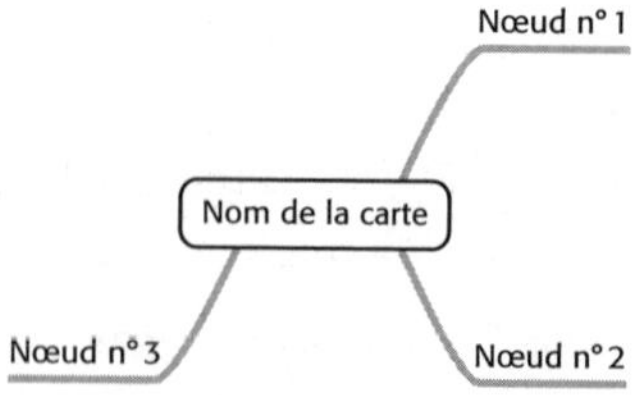


**Figure 9.11** Création d'arborescences dites « sœurs » (de même niveau)

7. Lorsque vous avez plusieurs arborescences, vous pouvez les réorganiser comme indiqué dans le menu supérieur.

8. Pour faire glisser un fichier sur votre carte, sélectionnez-le et déposez-le où vous voulez (ci-dessous nous avons inséré le logo MindNode en bas à gauche).

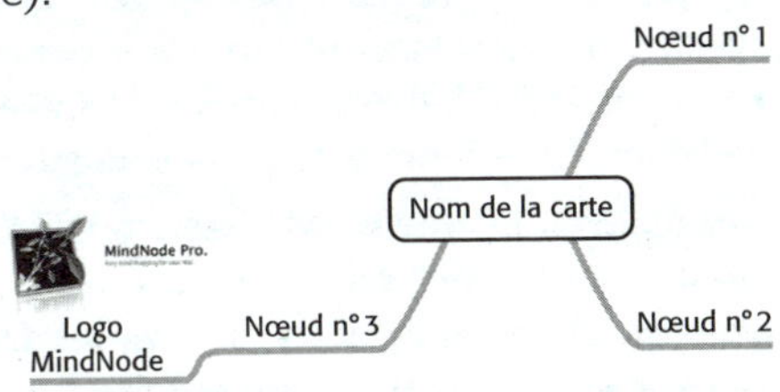


**Figure 9.13** Création d'une arborescence « fille » avec intégration d'un élément visuel

9. Voilà, vous êtes déjà apte à travailler avec MindNode !

La logique d'utilisation est toute simple, vous le voyez. Il n'y a rien de compliqué : l'immense potentiel de ce logiciel réside dans la façon qui vous est proposée d'organiser votre intelligence. C'est la plus proche représentation du fonctionnement du cerveau lui-même : en aucune manière vous ne raisonnez de manière purement séquentielle. Vous faites appel plus ou moins consciemment à différents modes de raisonnements, et c'est cette combinaison qui vous donne une vitesse de traitement des informations aussi fantastique. Le ***mind mapping***, et MindNode en particulier, ne fait qu'éviter de vous brider intellectuellement, tout simplement...

Vous apprendrez vous-même ensuite, en quelques essais, comment utiliser pleinement ce logiciel. Faites confiance à votre intuition pour le prendre en main, c'est sur cette logique que ses concepteurs l'ont conçu !

Maintenant, c'est à vous de jouer. Libérez vos neurones, libérez votre créativité, et faites bon usage de vos nouvelles capacités cognitives...

# À retenir

- **Le *mind mapping* libère réellement votre pensée.** Vous sortez enfin du contraignant dogme séquentiel et linéaire imposé depuis la plus tendre enfance. Votre créativité devient sans limite et votre cerveau profite de toute la puissance – prouvée – de la représentation visuelle.
- **Le *mind mapping* permet un effet de levier cérébral.** En mobilisant simultanément plusieurs aires du cerveau, le *mind mapping* fait appel au raisonnement par association, à la mémoire sémantique, à la mémoire perceptive, et à la mémoire visuelle, tout ceci en même temps. Pour votre mémoire, c'est un peu comme passer d'un film en noir et blanc et muet au cinéma moderne : l'impact est polymorphe et donc démultiplié.
- **Vous pouvez regrouper toutes les informations disponibles sur un seul et même document, et toujours les retrouver.** Comme vous avez représenté visuellement votre cheminement de pensée, c'est une véritable carte de vos idées qui vous fait face. Vous suivez alors les chemins (arborescences) de votre raisonnement et vous pourrez, toujours, retrouver vos idées ici et là.
- **Vos *mind map* vous offrent une vision globale des choses qui facilite votre prise de décision.** En vous permettant de prendre en considération plus d'éléments, vous réduisez mécaniquement l'incertitude qui pèse sur cette prise de décision (qui n'est pas, rappelons-le, une déduction !). Vite.
- **Le *mind mapping* est le meilleur outil possible pour représenter des hypothèses ou des scénarios potentiels.** Chaque scénario constitue une branche, qui entraînera ses propres conséquences, etc. La lecture et la compréhension de l'ensemble sont facilitées.
- **MindNode est très pertinent pour animer une réunion de brainstorming.** Il stimule la créativité et facilite grandement l'organisation postérieure des idées. Il permet de ne rien laisser passer, et encourage, par sa présentation intégrale des informations, les raisonnements par association, source importante d'innovation.
- **En mode projet, MindNode tout indiqué.** Il est d'une grande utilité pour vous aider à d'abord faire comprendre le projet, et pour coordonner le travail de l'équipe projet. Le chef de projet peut ainsi bénéficier d'une vue d'ensemble du projet, mise à jour en permanence.

# Conclusion

**Si l'on devait résumer l'objectif premier de cet ouvrage, nous dirions qu'il s'agissait de vous aider à prendre conscience d'un problème récurrent (l'usage qui est fait de PowerPoint), de vous expliquer pourquoi et en quoi c'est un problème, et de vous indiquer, si vous ne les connaissiez pas déjà, d'autres outils de travail à même de vous rendre plus efficace, pour que vous gardiez, finalement, la liberté de choisir comment travailler.**

Une fois que vous comprenez pourquoi quelque chose pose problème, vous pouvez alors progresser. C'est tout l'enjeu avec PowerPoint : comme tout le monde l'utilise, il n'est pas facile de trouver l'occasion et l'énergie de se demander si, au final, on l'utilise correctement, et encore moins s'il existe d'autres alternatives.

Nous espérons ainsi que la première partie de ce livre vous a apporté un éclairage utile sur les problèmes posés par le logiciel PowerPoint, et par l'usage malheureux qui en est trop souvent fait.

Bien entendu, notre position peut être sujette à critique : à toute thèse ses détracteurs. Si parmi vous se trouvent des spécialistes en psychologie cognitive ou en neuroscience, peut-être seront-ils quelque peu outrés par nos représentations simplifiées du fonctionnement du cerveau et notre traitement des biais cognitifs induits par PowerPoint. Nous serions alors ravis de pouvoir en discuter avec eux, et enchantés d'apprendre d'eux sur des sujets qui sont passionnants et qu'ils maîtrisent bien mieux que nous.

La deuxième partie avait pour objectif de vous apporter des principes et des astuces pour mieux utiliser PowerPoint si, malgré tout, vous deviez continuer à l'utiliser. Après avoir mis en lumière les faiblesses du logiciel, et parce que ce dernier reste malgré tout un outil très complet et à fort potentiel s'il est intelligemment utilisé, l'idée était de vous donner les clés pour ne pas vous faire piéger par ses travers, que ce soit en émission – lorsque vous pensez et écrivez sur PowerPoint – ou en réception – quand vous écoutez et lisez une présentation PowerPoint.

Enfin, nous avons gardé pour la fin la découverte de deux outils que nous pensons véritablement efficaces quand il s'agit de palier aux défauts de PowerPoint : Prezi et MindNode. Nous espérons que « l'expérience papier » à travers ce livre vous a convaincu, au moins, d'essayer ces logiciels sur la base des « modes d'emploi » simplifiés que nous vous avons donnés. Peut-être les connaissiez-vous déjà : dans ce cas nous espérons vous avoir été utile malgré tout. Et si vous ne les connaissiez pas, notre plus grande satisfaction serait de voir que, petit à petit, au détour d'une réunion, d'une présentation, d'une conférence, apparaissent progressivement des ***mind map*** et des Prezi capables de remplir la mission qu'on leur a confiée à leur création : encourager l'intelligence et le partage, pour le meilleur, parce que le cerveau est un outil bien trop puissant pour qu'on lui demande de ne penser qu'en slides.

# Bibliographie

## Ouvrages et articles


Alley M., Schreiber M., Ramsdell K., et Muffo J., «*How the Design of Headlines in Presentation Slides Affects Audience Retention*», in *Technical Communication*, STC, 2006.

Beaudoin V., «*Le lit de Procuste revisité*», in *Social Science Information*, 2008.

Bumiller E., «*We have met the enemy and he is PowerPoint*», *New York Times*, 26 avril 2010.

Flocker M., *Death by PowerPoint: a modern office survival guide, Da Capo Press, 2006.*

Frommer F., *La Pensée PowerPoint, enquête sur un logiciel qui rend stupide*, La Découverte, 2010.

Gaskins R., *PowerPoint at 20: Back to basics*, Communication of the ACM, 2007.

Haladjian R., *Devenez beau, riche et intelligent grâce à PowerPoint, Excel et Word*, Éditions d'Organisation, 2003.

D'Huy P., «PowerPoint, la rhétorique universelle», in revue *Medium*, n° 11, avril-mai-juin 2007.

Mackiewicz J., «*Perceptions of Clarity and Attractiveness in PowerPoint Graph Slides*», in *Technical Communication*, STC, 2007.

Mackiewicz J., «*Audience Perceptions of Fonts in Projected PowerPoint Text Slides*», in *Technical Communication*, STC, 2007.

Mongin P. et Garcia L., *Organisez vos projets avec le mind mapping*, Dunod, 2011.

Souchier E., «*Lorsque les écrits de réseaux cristallisent la mémoire des outils, des médias et des pratiques*», in *Les défis de la publication sur le Web: hyperlectures, cybertextes et méta-édition*, coll. Références, Presses de l'ENSSIB, Lyon, 2004.

TALEB N. N., *Le Cygne Noir, La puissance de l'imprévisible*, Les Belles Lettres, 2008.

TARDY C., JEANNERET Y., HAMARD J., «*L'empreinte sociale d'un outil d'écriture ; PowerPoint chez les consultants*», in *L'écriture des médias informatisés, espaces de pratiques*, Lavoisier, 2007.

TUFTE E., *The cognitive style of PowerPoint : Pitching out corrupts within,* Graphics Press LLC, Cheshire, 2006.

## Sites Internet

*http://www.mindnode.com/mindnode/video-tutorials/*

*http://blog.Prezi.com/*

*http://Prezi.com/p6nll-axxuyf/tutoriel-Prezi-en-francais/*

*http://www.thinkoutsidetheslide.com/*

Remerciements

Je souhaite remercier tous ceux qui, de près et de loin, directement et indirectement, ont contribué à cet ouvrage.

Un grand merci tout d'abord à Dunod et tout spécialement Valérie Briotet, pour sa confiance en ce projet, son enthousiasme et sa disponibilité.

J'aimerais également tout particulièrement remercier Pierre et Murielle, qui se reconnaîtront, pour m'avoir offert un cadre de travail idéal – avec vue sur l'Alta Rocca et la Méditerranée – pour la rédaction de cet ouvrage. Merci Pierre pour tes relectures et tes commentaires !

Merci à Liv pour son idée d'accroche – je tiens parole, tu vois !

Merci enfin au CELSA, mon ancienne école, pour m'avoir laissé la liberté de réaliser un travail de recherche sur l'inefficacité de PowerPoint, qui clôtura la dernière année de Master.

conception
réalisation
mise en page
PCA
44405 Rezé cedex

57052 - (II) - (0,6) - OSB 80° - PCA - MLN

Imprimerie Nouvelle - JOUVE
45800 Saint-Jean de Braye
N° d'Imprimeur : 912707C
Dépôt légal : janvier 2012 ; suite de tirage : juin 2012

*Imprimé en France*